Stefan Fröhling / Andreas Reuß

Schicksalsmomente

Stefan Fröhling/Andreas Reuß

Schicksalsmomente

Entscheidende Augenblicke im Leben großer Persönlichkeiten

Brendow
VERLAG + MEDIEN

Wichtiger Hinweis für Lehrerinnen und Lehrer

Wenn Sie den Inhalt dieses Buches gerne im Unterricht – oder anderen Lernsituationen – nutzen möchten, finden Sie unter folgendem Link hilfreiche Fragen und Anregungen zum kostenfreien Download:
http://www.brendow-verlag.de/index.php/schicksalsmomente.html

Bibliografische Information der Deutschen Nationalbibliothek
Die Deutsche Nationalbibliothek verzeichnet diese Publikation in der Deutschen Nationalbibliografie; detaillierte bibliografische Daten sind im Internet über http://dnb.d-nb.de abrufbar.

ISBN 978-3-86506-460-8

Einbandgestaltung: Brendow Verlag, Moers
Titelfotos:
Hanns Dieter Hüsch: Paul Maaßen.
Alle weiteren Fotos von Wikipedia.
Hintergrundmotiv: fotolia
Satz: Brendow PrintMedien, Moers
Druck und Bindung: CPI – Clausen & Bosse, Leck
Printed in Germany

www.brendow-verlag.de

Inhalt

Einleitung

Von Paulus aus Tarsus bis Steve Jobs

„Seele des Menschen,
Wie gleichst du dem Wasser!
Schicksal des Menschen,
Wie gleichst du dem Wind!"

Diesen Ausruf formulierte Goethe als „Summation"[1], als zusammenfassenden Höhepunkt, am Ende seines 1779 entstandenen Gedichtes „Gesang der Geister über den Wassern"[2].

Sein Gedanke klingt reichlich melancholisch, fast verzweifelt. Dabei kann es Goethe seinerzeit gar nicht so schlecht gegangen sein: Er befand sich auf einer Reise durch die Schweiz und betrachtete im Lauterbrunnental, im Berner Oberland, einen Bach, der heute noch von einer hohen Felswand herabstürzt und sich nach einiger Zeit in der Luft zu einem feinen Dunst zerstäubt. Ein herrlicher Anblick.

Der Dichter nahm das Naturschauspiel erneut zum Anlass, um über das Schicksal des Menschen nachzudenken und sich mit den eigenen Schicksalsmomenten auseinanderzusetzen; denn im selben Jahr notierte er in seinem Tagebuch, dass er sich – obwohl erst dreißig Jahre alt – wie ein Schiffbrüchiger sehe: „Stiller Rückblick auf das Leben, auf die Verworrenheit, Betriebsamkeit, Wißbegierde der Jugend [...] Wie ich alles Wissenschaftliche nur halb angegriffen und bald wieder habe fahren lassen, wie eine Art von demütiger Selbstgefälligkeit durch alles geht, was ich damals schrieb [...] wie nun kein Weg zurückgelegt, sondern ich nur dastehe wie einer, der sich aus dem Wasser rettet."[3]

Goethe erscheint hier nicht als einer, der schon frühzeitig versucht, auf einen Denkmalsockel zu steigen, um sich dann verherrlichen zu lassen, sondern vielmehr als Mensch, der sich gnadenlos mit sich selbst auseinandersetzt, und zwar vor dem Hintergrund höherer Instanzen: der „Geister", der Naturgesetze und der Wissenschaften. So empfing schon der junge Goethe Augenblicke der Inspiration, die zu Schicksalsmomenten wurden, die letztlich die ganze Welt verändern konnten.

„Ein Wetterleuchten, dann ein Blitz, der im jungen Goethe niedergeht, und die Gewichte der Welt haben sich vom Objektiven ins Subjektive verschoben: Von nun an wünscht man dem Helden um seinetwillen ein Durchkommen"[4] , schreibt Thomas Steinfeld über Goethes noch früheres Gedicht „Willkomm und Abschied" aus dem Jahre 1770.

Immer wieder geschah es, dass in Menschen ein solcher „Blitz" niederging und ein persönlicher Schicksalsmoment sich ereignete, der in größerem oder kleinerem Maßstab, soweit man es bisher schon überblicken kann, die Welt veränderte. Manchmal, wie bei Luther, soll es ein ganz realer Blitz gewesen sein, bei anderen wurde es eher als inneres „Wetterleuchten" empfunden – fast immer in Einsamkeit und gegen die Tendenzen der großen „Welt".

Freilich muss man sich die „Geistesmenschen" früherer Zeiten, noch bis ins zwanzigste Jahrhundert hinein, als „Ideenträger" vorstellen, wie sie sich in den Tragödien Friedrich Schillers oder auf Thomas Manns „Zauberberg" (Roman, 1924) versammelten, um ihre jeweiligen Ideologien, Religionen oder andere Denkrichtungen zu verkörpern. Dort waren die Personen, genauso wie die realen Menschen, noch einigermaßen in den Rahmen eines geschlossenen Weltbildes eingebunden. Dieses existiert heute wohl nicht mehr. Weltbilder, ob gemeinsam oder nicht, spielen kaum mehr eine Rolle.[5] Nach den „gescheiterten Utopien"[6] bzw. Ideologien des zwanzigsten Jahrhunderts sind große, übergreifende Denksysteme zumindest in der westlichen Welt in Misskredit geraten.

Die Schicksalsmomente großer Persönlichkeiten früherer Zeiten hatten eine transzendentale Dimension. Sie empfingen ihre Inspiration aus dem „Reich der Ideen", um es mit Platon[7] zu formulieren. Aus einzelnen Inspirationen wurden Schicksalsmomente insofern, als dass sich die Denker bzw. Künstler damit existenziell befassen; das heißt, sie waren auf der Suche danach, wie sie die gewonnene Idee mit ihrem Leben und ihren sonstigen geistigen Entwürfen vereinbaren könnten und schufen neue gedankliche Möglichkeiten. Dabei war das zwischenzeitliche Scheitern, so wie Goethe es bei sich sah, durchaus nicht ausgeschlossen. Aber sie wagten große neue Schritte, welche manchmal geeignet waren, die „Gewichte der Welt" zu verschieben.

Die Schicksalsmomente im Leben von Menschen aus jüngerer Zeitgeschichte resultierten ebenfalls aus einer Suche, doch sie blieb unerfüllt, wenn die Anbindung an eine Religion oder vertiefte Weltanschauung fehlte. Die Suche selbst wurde zur Lebensform. Die große Inspiration, empfangen aus der geistigen Auseinandersetzung mit der Welt der Ideen, ist dann nicht mehr vorhanden oder basiert auf Hilfskonstruktionen; denn über „Visionen" oder „Philosophie" wird durchaus viel gesprochen, mehr als jemals zuvor: Jede Firma entwickelt eine „Firmenphilosophie", jeder neue Chef präsentiert in seinem Betrieb oder in seiner Abteilung eine „Vision", wobei man die eigentliche „Letztbegründung"[8] vermisst. Der Gesamtrahmen ist nicht mehr da, er wird hilfsweise durch begrenzte „Projekte" ersetzt.

Im geistigen Bereich sind die empirischen Naturwissenschaften, trotz aller Einschränkungen, zunehmend anerkannt und im Vordergrund. Sie haben sich aber, so gewinnt man den Eindruck, gerade durch die Entwicklung neuer Technologien, auf das Speichern von unzähligen Daten aus Erhebungen, Dokumentationen und Begutachtungen aller Art verlegt. Gliederungen und ethische Strukturen scheinen in der Sammelwut unterzugehen, eine unübersichtliche „Multi-Welt“[9] tut sich auf, die Sprache wird undeutlich, Interpretationen, inhaltliche Auseinandersetzungen, Inspirationen oder gar Schicksalsmomente scheinen kaum noch denkbar. Wie in einer – echten – Vision hat schon Goethe jenen Projekten ein paar Verse gewidmet:

Verlaßt mich hier, getreue Weggenossen!
Laßt mich allein am Fels, in Moor und Moos;
Nur immer zu! euch ist die Welt erschlossen,
Die Erde weit, der Himmel hehr und groß;
Betrachtet, forscht, die Einzelheiten sammelt,
Naturgeheimnis werde nachgestammelt.[10]

Er aß und kam wieder zu Kräften

Apostel Paulus (5/10–63/64)

„Paulus scheint ein Mensch gewesen zu sein, der Schweres anzog. Sein Wesen war so, dass er die Widerstände und Widersprüche des Daseins zu voller Schärfe hervortrieb; sein ganzer Lebensweg zeigt es. Er war ein geplagter Mensch. Die letzten Kapitel des zweiten Korintherbriefs reden von unendlicher Mühsal."[11]

Mit diesen Worten hat der katholische Theologe Romano Guardini (1885–1968) den Apostel charakterisiert. In seinem 1. Brief an die Korinther beschreibt Paulus – dem Gefängnisaufenthalte, die Gefährdung durch Räuber oder selbst Schiffbrüche nicht erspart geblieben sind (2 Kor 11,23–28) – seine Missionstätigkeit sogar noch drastischer, indem er glaubt, dass Gott die Apostel wie Todgeweihte auf den letzten Platz gestellt hat (1 Kor 4,9). *„Bis zur Stunde hungern und dürsten wir, gehen in Lumpen, werden mit Fäusten geschlagen und sind heimatlos. Wir plagen uns ab und arbeiten mit eigenen Händen; wir werden beschimpft und segnen; wir werden verfolgt und halten stand; wir werden geschmäht und trösten. Wir sind sozusagen der Abschaum der Welt geworden, verstoßen von allen bis heute"* (1 Kor 4,11–13).

Obwohl der Apostel Paulus zu den am häufigsten genannten Personen des Neuen Testaments zählt, ist über sein Leben historisch gesichert nur wenig bekannt. Am aussagekräftigsten sind seine an junge christliche Gemeinden gerichteten autobiographischen Briefe, sieben an der Zahl, in denen er ganz individuell als

Mensch in Erscheinung tritt. Diese besitzen als situations- sowie adressatenbezogene Schreiben einen persönlichen, einen theologischen oder einen offiziellen Tonfall.[12] Sie gelten als die ältesten literarischen Zeugnisse des Neuen Testaments und wurden zwischen den Jahren 50/51 (1. Brief an die Thessalonicher) und den Jahren 55/56 christlicher Zeitrechnung (Brief an die Römer) verfasst. Somit liegen sie zeitlich vor der Entstehung des frühesten Evangeliums, nämlich des Markus-Evangeliums (vor 70 n.Chr.). Zu den authentischen, also den von Paulus geschriebenen oder diktierten Briefen (Protopaulinen), die in den Gemeinden vorgetragen und besprochen wurden, gehören außerdem die beiden Korintherbriefe sowie der Galaterbrief, der Philipperbrief und der Philemonbrief.

Die anderen unter seinem Namen weitergegebenen Briefe, die zwischen den Jahren 70 und 100 nach Christus entstanden sind, werden als Deutero- oder Tritopaulinen bezeichnet, weil sie von seinen Schülern resp. Nachfolgern oder von Gemeindeleitern stammen, die bereits über die Theologie des Apostels reflektieren und sich sein hohes Ansehen bei der Angabe des Absenders zunutze machen (Kolosserbrief, Epheserbrief, 2. Thessalonicherbrief, 1. und 2. Timotheusbrief, Titusbrief). Briefe wurden in damaliger Zeit meist einem Schreiber oder Sekretär diktiert und von diesem auf Wachstäfelchen notiert, um sie später auf Papier aus Papyrusblättern oder Pergament aus Tierhäuten zu übertragen. Anschließend wurden sie durch Boten zugestellt.

Die Apostelgeschichte

Eine zweite Quelle, die über die Missionstätigkeit des Apostels Paulus Auskunft gibt, ist die sogenannte „Apostelgeschichte“ im Neuen Testament. Für deren Entstehungszeit werden die Jahre vor oder um 90 nach Christus angesetzt. Als Verfasser der Apostelgeschichte gilt der Autor des Lukas-Evangeliums (vor oder um 80 n. Chr.). Ob dieser freilich den Namen Lukas getragen hat, lässt sich nicht nachweisen, da die namentliche Zuordnung der beiden Schriften erst ab dem zweiten Jahrhundert nach Christus historisch fassbar wird. Sicher ist nur, dass „Lukas" ein gebildeter Heidenchrist war, der wie Paulus die griechische Sprache sehr gut beherrschte, also im hellenistisch geprägten Teil des römischen Imperiums gelebt hat. Das „lukanische" Doppelwerk könnte folglich sowohl in Griechenland als auch in Kleinasien (heute Türkei) oder in der Hauptstadt der römischen Provinz Syrien, Antiochia[13], entstanden sein und somit in Gebieten, in denen der Apostel Paulus unterwegs gewesen war. Mit Palästina, wo Jesus gelebt hat und gestorben ist, war „Lukas" nicht vertraut.

Dass jener ein Paulus-Begleiter oder ein Arzt war, gehört eher in das Reich der Legende, obgleich sich unter den Mitarbeitern des Apostels wohl ein Lukas befunden hat. Als Mitarbeiter oder Begleiter sind etwa 50 Männer und Frauen aus den überlieferten Quellen namentlich bekannt.[14] Einem Begleiter freilich wären keine „so kompakten historischen Irrtümer über das Leben des Paulus" unterlaufen, wie sie in der zweiten „lukanischen" Schrift zu entdecken sind.[15]

Die Apostelgeschichte, die ebenfalls erst seit dem zweiten Jahrhundert nach Christus diese Bezeichnung trägt, ist mehr ein theologisches denn ein geschichtliches Werk und richtet ihren Blick zunächst auf das Wirken des Apostels Simon Petrus in Jerusalem und Palästina. Laut dem Markus-Evangelium (3,16) hat Jesus seinem Jünger Simon den aus der aramäischen Sprache kommenden Beinamen „Kephas" gegeben, der übersetzt „Edelstein" bedeutet und im Griechischen mit dem Wort „Petros" („Fels" oder „Stein") wiedergegeben wird. Nach dem Tod

Jesu um das Jahr 30 und seiner Auferstehung hat Petrus bald die Leitung der Jerusalemer Gemeinde übernommen, die er bis um das Jahr 43 innehatte, als er im Zuge einer Christenverfolgung zusammen mit dem Apostel Jakobus d. Ä. verhaftet wurde, aber aus dem Gefängnis und aus Jerusalem fliehen konnte. Jakobus d. Ä. wurde hingerichtet. Dessen Bruder, der Apostel Jakobus d. J., war fortan Leiter der Gemeinde. Um das Jahr 35 und somit gut zwei Jahre nach seinem Bekehrungserlebnis war Paulus zum ersten Mal dem Apostel Petrus in Jerusalem begegnet, denn er hatte diesen kennenlernen wollen. Paulus *„blieb fünfzehn Tage bei ihm“* (Gal 1,18). Doch beide haben sich spätestens seit dem Jerusalemer Apostelkonzil (48 oder 49 n. Chr.) wegen theologischer Differenzen wohl nicht mehr so gut verstanden. Petrus wurde wahrscheinlich im Jahr 67 in Rom hingerichtet.

Der zweite Teil der Apostelgeschichte befasst sich mit den drei großen Missionsreisen des Apostels Paulus, die etwa im Jahr 45 begonnen und, mit Unterbrechungen, bis zu seiner Ankunft in Rom um das Jahr 60 angedauert haben. Dort wurde er unter Kaiser Nero (37–68 n. Chr.; Kaiser ab dem Jahr 54) zum Tode verurteilt und im Jahr 63 oder 64 mit dem Schwert getötet. Aus den Jahren vor 50 sind keine von Paulus verfassten Briefe vorhanden, was aber nicht heißen muss, dass er keine geschrieben hat. Dem Autor der Apostelgeschichte standen wahrscheinlich schriftliche Notizen über die Paulusreisen zur Verfügung[16], jedoch nicht die Paulusbriefe selbst. Eine frühe, redaktionell bearbeitete Sammlung der Briefe ist erst aus der Zeit um 100 nach Christus bekannt.

„Lukas“ zählt bereits zur dritten Generation der Jesus-Bewegung, denn sowohl die Augenzeugen, also vor allem die Jünger Jesu, als auch die Missionare der zweiten Generation, zu denen Paulus gehört hat, sind mittlerweile tot. Der Verfasser der

Apostelgeschichte sieht – anknüpfend an die Wiedergabe des Lebens und Sterbens Jesu im Lukas-Evangelium – seine Aufgabe folglich darin, die durch den „Heiligen Geist" im Pfingstereignis (Apg 2,1-13) initiierte Verbreitung des „Wortes Gottes" von Jerusalem über die frühen Missionierungsgebiete in Kleinasien und Griechenland bis hin zur christlichen Gemeinde in Rom darzustellen. Ihm ist daran gelegen, aufkommende Irrlehren abzuwehren sowie generell die grenzüberschreitende Kontinuität und die göttliche Heilszusage des Christentums für Menschen aufzuzeigen, die zeitlich und räumlich weiter vom ursprünglichen Geschehen entfernt sind. Er will die Geschichte Jesu mit der Weltgeschichte in Verbindung bringen.[17] Der Autor der Apostelgeschichte hält Paulus, der mit seinem missionarischen Engagement bedingungslos für die Sache Jesu einsteht, für den Repräsentanten dieser zielstrebigen Glaubensvermittlung.

Obwohl die historischen Aussagen der Apostelgeschichte nicht zu unterschätzen sind, so sind sie doch gegenüber den authentischen Paulusbriefen nachrangig und müssen in ihrer Bedeutung jeweils kritisch überprüft werden. Im Gegensatz zu den auf die konkreten Gemeindesituationen bezogenen Briefen hat die Apostelgeschichte einen literarischen, erzählenden und erbaulichen Charakter, der auch dem Apostel Paulus zugeschriebene Wundertaten mit einschließt.

„Lukas" berücksichtigt dabei „das Problem der bislang ausgebliebenen Parusie"[18], also der „Naherwartung" (wörtlich: „Anwesendsein" oder „Gegenwart"), dass nämlich durch die endgültige Wiederkehr des Messias das Reich Gottes in Vollkommenheit anbrechen werde. Der Begriff „Messias" ist die griechische Form des hebräischen Wortes „Maschiach" und identisch mit der späteren Bezeichnung „Christus". Die drei Begriffe bedeuten übersetzt „der Gesalbte“ und beziehen sich auf die alttestamentliche Verheißung eines Gott- oder Heilskönigs, der Juden wie Christen und – religiös weitergedacht – letztlich die Welt erretten und erlösen wird. Petrus, Paulus und die Christen der frühen Gemeinden waren davon überzeugt, dass dies noch zu ihren Lebzeiten geschehen werde. Es muss daher für so manche arg irritierend gewesen sein, als trotz der Naherwartung Gemeindemitglieder starben.

Die Apostelgeschichte versucht deshalb, das allzu enge zeitliche Verständnis der messianischen Wiederkunft aufzubrechen: *„Euch steht es nicht zu, Zeiten und Fristen zu erfahren, die der Vater in seiner Macht festgesetzt hat“* (Apg 1,7). *„Also kehrt um und tut Buße, damit eure Sünden getilgt werden und der Herr Zeiten des Aufatmens kommen lässt und Jesus sendet als den für euch bestimmten Messias. Ihn muss freilich der Himmel aufnehmen bis zu den Zeiten der Wiederherstellung von allem, die Gott von jeher durch den Mund seiner heiligen Propheten verkündet hat“* (Apg 3,19–21).

„Lukas“ betrachtet die Entstehung der frühen Kirche, die der unmittelbaren jesuanischen Zeit folgt, als zweite Epoche der Heilsgeschichte, die gleichwohl endzeitlich ausgerichtet bleibt[19], als sei es eine „Zwischenzeit“.[20] Diese temporäre Unbestimmtheit brachte es zwangsläufig mit sich, dass sich in den Gemeinden festere Strukturen und Leitungsämter zu bilden begannen.

Paulus selbst versucht bereits Jahrzehnte zuvor, eine Art Kompromiss hinsichtlich der Parusie zu finden, indem er in seinem 1. Brief an die Thessalonicher schreibt: *„Wir, die Lebenden, die noch übrig sind, wenn der Herr kommt, werden den Verstorbenen nichts voraushaben. Denn der Herr selbst wird vom Himmel herabkommen, wenn der Befehl ergeht, der Erzengel ruft und die Posaune Gottes erschallt. Zuerst werden die in Christus Verstorbenen auferstehen; dann werden wir, die Lebenden, die noch übrig sind, zugleich mit ihnen auf den Wolken in* *die Luft entrückt, dem Herrn entgegen. Dann werden wir immer beim Herrn sein"* (1 Thess 4,15–17). Im 1. Brief an die Korinther bekräftigt Paulus diese Sichtweise noch einmal: *„Seht, ich enthülle euch ein Geheimnis: Wir werden nicht alle entschlafen, aber wir werden alle verwandelt werden – plötzlich, in einem Augenblick, beim letzten Posaunenschall"* (1 Kor 15,51–52).

Paulus, der Jude aus Tarsus

Es verhält sich nun mal so, dass sich das Leben des Apostels Paulus, wie das anderer Personen des Neuen Testaments auch, mindestens genauso stark aus seiner Umwelt wie aus den autobiographischen Äußerungen oder den biographischen Schilderungen bei „Lukas" erschließen lässt. Sicher ist, dass Paulus Jude war und blieb. Das bezeugt er mehrfach in seinen Briefen. Jesus selbst, die zwölf Apostel sowie die ersten Anhänger Jesu in Jerusalem und Palästina, waren ebenfalls Juden.

Paulus wurde in den Jahren 5 bis 10 unserer Zeitrechnung in der am östlichen Mittelmeer gelegenen Hafenstadt Tarsus (im südlichen Kleinasien) geboren, die wie Antiochia der römischen Provinz Syrien (Syrien-Kilikien) angehörte. Die möglichen Geburtsjahre beruhen auf einer Schätzung, und allein die Apostelgeschichte nennt Tarsus ausdrücklich als Geburtsort (22,3). Diese informiert die Leser und Zuhörer zudem darüber, dass Paulus neben dem tarsischen sogar das römische Bürgerrecht besaß, und zwar von Geburt an (Apg 22,28). Das bedeutet, dass Letzteres schon seinen Eltern oder früheren Familienmitgliedern verliehen worden war. Ganz sicher ist es allerdings nicht, ob der „Lukas"-Text hier auf Tatsachen fußt.

Paulus' Eltern waren jedenfalls gläubige Diaspora-Juden und haben ihren Sohn, wie er selbst in seinem Brief an die Philipper mitteilt, bereits am achten Tag nach seiner Geburt beschneiden lassen (Phil 3,5). Die Beschneidung ist ähnlich der Taufe ein äußeres Zeichen für die Aufnahme in die Religionsgemeinschaft. Von den Eltern hat er auch den alten jüdischen Namen „Saul" erhalten, dem im Sinne des römischen Bürgerrechts der lateinische Name „Paulus" hinzugefügt wurde. Die angebliche „Verwandlung" des Saulus in den Paulus bei der Bekehrung zum Apostel ist also lediglich eine Zuspitzung. Paulus hat den Namen „Saul" oder „Saulus" in seinen Briefen nicht verwendet.

Die Stadt Tarsus war, wie viele hellenistische Großstädte, nicht nur ein weltoffener Umschlagplatz für Güter, sondern auch eine angesehene Wirkungsstätte der Bildung, der Philosophie und der Kunst. Verschiedene Nationalitäten trafen hier ebenso aufeinander wie unterschiedliche Religionen und rivalisierende soziale Schichten. Diese vom Hellenismus durchdrungene Vielfalt hat Paulus in seiner Kindheit und Jugend sehr geprägt und ihn zu einem regelrechten Kosmopoliten werden lassen[21], der bei seinen zukünftigen Missionsreisen vor dem städtischen Publikum des römischen Imperiums aufzutreten wusste.

Der Begriff „Hellenismus" beschreibt die Ausbreitung der griechischen Kultur und Sprache seit den Eroberungszügen Alexanders des Großen (356–323 v.Chr.), dessen Reich von Griechenland und Kleinasien im Norden sowie Ägypten und Palästina im Süden weit nach Osten bis an die Grenzen Indiens reichte. Griechische Siedler brachten in die schon bestehenden oder die von ihnen neu gegründeten Städte ihre Sitten und Gebräuche, ihre Religion und Philosophie, ihr Rechtsverständnis und ihre Baukunst mit. So entstand zum Beispiel in der ägyptischen Stadt Alexandria, die direkt auf Alexander den Großen zurückgeht, ein geachtetes Zentrum der Wissenschaften und eine Bibliothek, die als die größte in der Antike gilt. Die griechische Sprache – „Koiné", also die „gemeinsame" Sprache genannt – wurde mündlich und schriftlich zur überall gültigen Verkehrssprache. Wer sie nicht zu sprechen vermochte, wurde als Barbar angesehen. Das Römische Reich nahm ab dem zweiten Jahrhundert vor Christus die hellenistische Kultur von Griechenland bis Ägypten in sich auf, ohne sie wesentlich zu beeinträchtigen.

Unter den Juden Palästinas war neben der griechischen Sprache hauptsächlich die aramäische verbreitet, welche die ältere hebräische abgelöst hatte. „Das Hebräische blieb die Sprache der Religion und der Gelehrsamkeit, aber das einfache Volk beherrschte sie nur unzureichend."[22] Unter den Juden der hellenistisch beeinflussten Diaspora war das Griechische dominant. Oftmals hatten Hunger und Not sie gezwungen, ihr Heimatland Palästina zu verlassen, sodass sie zur Zeit Jesu im ganzen Mittelmeerraum angesiedelt waren. In Jerusalem und Palästina lebte gut eine halbe Million Juden, in der gesamten Diaspora („Zerstreuung") lebten an die vier Millionen.[23]

Da viele unter den Diaspora-Juden die hebräische und die aramäische Sprache nicht mehr kannten, verwendeten sie in ihren Gottesdiensten oder bei den religiösen Unterweisungen die sogenannte „Septuaginta". Die Legende berichtet, dass im dritten Jahrhundert vor Christus jeweils sechs Schriftgelehrte aus den zwölf Stämmen Israels, also zusammen 72, vom ägyptisch-hellenistischen König Ptolemaios II. Philadelphos (regierte 282-246 v.Chr.) auf die Insel Pharos bei Alexandria geholt wurden, um den alttestamentlichen „Pentateuch", das heißt die „fünf Bücher Mose" (wörtlich: „Fünfrollenbuch"), ins Griechische zu übersetzen, was ihnen just in 72 Tagen gelungen sein soll. Der Übertragung des Pentateuchs (hebräisch „Tora", also „Gesetz" oder „Weisung"), die tatsächlich für das dritte Jahrhundert anzunehmen ist, sind im Laufe der Zeit die anderen Bücher des Alten

Testaments sowie einige weitere aus dem Umfeld gefolgt. Die Zahl 72 wurde in der späteren Überlieferung auf 70 verkürzt. Das Wort „Septuaginta" steht im Lateinischen für die Zahl 70 (LXX). Die Evangelisten, die ebenfalls griechisch schrieben, haben ihre alttestamentlichen Zitate der Septuaginta entnommen und sich stilistisch auf sie bezogen.

Paulus war mit der griechischen Sprache aufgewachsen und kannte die Schriften des Alten Testaments resp. die Septuaginta sehr gut, obwohl er darüber hinaus gewiss mit der aramäischen und wahrscheinlich auch mit der hebräischen Sprache vertraut war. Von der lateinischen Sprache besaß er wohl nur bruchstückhafte Kenntnisse.[24] Der Apostelgeschichte nach (18,3) hatte Paulus den Beruf des Zeltmachers erlernt, der die Erzeugung von Leder- und Leinenprodukten umfasste. So konnte er sich während der Missionsreisen seinen Unterhalt verdienen und musste den heidenchristlichen Gemeinden nicht auf der Tasche liegen. Wo und wann genau er die handwerkliche Ausbildung absolviert hat, wo und wann er in der Tora und anderen religiösen Schriften des Judentums unterwiesen worden ist, gilt als ungeklärt. Beides könnte ebenso gut in Tarsus wie in Jerusalem gewesen sein, obgleich bei „Lukas" zu lesen ist, dass Paulus sich von Jugend an in Jerusalem aufgehalten habe (Apg 26,4).

Paulus, der Pharisäer

Ohne jeden Zweifel aber haben wir in Paulus einen überzeugten Pharisäer vor uns. Mag sein, dass bereits die elterliche Erziehung ein auslösendes Moment für seine religiöse Radikalisierung gewesen ist; wohl aber hat er einen entsprechenden Entschluss aufgrund seiner religiösen Studien gefasst. Möglicherweise war der Ende des ersten Drittels oder im zweiten Drittel des ersten Jahrhunderts in Jerusalem wirkende jüdische Gelehrte Gamaliel d.Ä., der hohes Ansehen genoss, sein Lehrer. Der Pharisäer Gamaliel wird allerdings von „Lukas" als ein toleranter Mann beschrieben (Apg 5,34–39). Paulus trat als Pharisäer entschieden für die religiösen Überlieferungen seines Volkes und die klare Umsetzung der daraus resultierenden Gesetze ein, und das vielleicht auch, weil er von einer zeitnahen jüdisch-messianischen Endzeit- und Gerichtserwartung ausging, die hernach eventuell mit seiner christlichen Naherwartung korrespondierte.[25]

Aus diesen Gründen hat er die Kirche Christi („Ekklesia") verfolgen und vernichten wollen, wie er im Brief an die Galater freimütig bekennt: *„Ihr habt doch gehört, wie ich früher als gesetzestreuer Jude gelebt habe, und wisst, wie maßlos ich die Kirche Gottes verfolgte und zu vernichten suchte. In der Treue zum jüdischen Gesetz übertraf ich die meisten Altersgenossen in meinem Volk, und mit dem größten Eifer setzte ich mich für die Überlieferungen meiner Väter ein"* (Gal 1,13–14).

Der Begriff „Ekklesia", der mit den Worten „Herausgerufene" resp. „Versammlung" zu übersetzen ist, bezeichnet im ersten Jahrhundert noch keine institutionalisierte Kirche, sondern pauschal die Gemeinschaft der Christusgläubigen und speziell die frühen Hauskirchen, also die Häuser einzelner Gemeindemitglieder, in denen sich die Gläubigen versammelten. Der Begriff „Kirche" wiederum ist mit dem griechischen Wort „Kyrios" („Herr") verwandt und bezieht sich auf Jesus Christus, den Herrn.

Der Beginn des Zeitraums, in dem sich Paulus als *„Pharisäer"* gegen die Christen gewandt hat (Phil 3,5–6), dürfte vor dem Auftreten und der Steinigung des Stephanus um 33 anzusetzen sein. Mit seinem Bekehrungserlebnis, das sich um oder nach 33 ereignet hat, konnte sich Paulus dann von den Pharisäern lösen. Es gibt keinerlei Anzeichen dafür, dass Paulus von Jesus vor dessen Kreuzigung gehört hat oder ihm gar begegnet ist.

Ab dem zweiten Jahrhundert vor Christus treten im Judentum diverse fromme Gruppierungen in Erscheinung, die eine strenge, gesetzestreue Religiosität vertreten. Zu ihnen zählen die Pharisäer (die „Abgesonderten"). Diese fanden sich in Gemeinschaften zusammen, die vorbildhaft auf die Umsetzung der Gebote und der kultischen Reinheit achteten. Sie waren bei der jüdischen Bevölkerung sehr angesehen und nicht ohne politischen Einfluss. „Zu den pharisäischen Gemeinschaften gehörten einzelne Priester, vor allem aber Laien, Handwerker, Bauern und Kaufleute, die nicht nur in der Stadt, sondern auch auf dem Land, in Judäa und Galiläa, lebten."[26] Im Gegensatz zu dieser Volksbewegung rekrutierten die Sadduzäer – die ihren Namen auf Zadoq zurückführten, einen Hohenpriester aus der Zeit König Salomos – ihre Anhänger aus den priesterlichen und aristokratischen Kreisen Jerusalems. Ihnen lag sehr viel an der Erhaltung ihrer Macht und ihrer Ämter. *„Die Sadduzäer behaupten* [...], *es gebe weder eine Auferstehung noch Engel noch Geister* [Dämonen], *die Pharisäer dagegen bekennen sich zu all dem"*, weiß die Apostelgeschichte zu berichten (23,8). Im Unterschied zu den Pharisäern glaubten die Sadduzäer also nicht an die Auferstehung der Toten am Ende der Zeiten.

In beiden Gruppierungen befanden sich auch Schriftgelehrte, die jedoch einen eigenen Stand bildeten. In diesen wurden nur Männer aufgenommen, die eine umfassende Kenntnis der jüdischen Schriften besaßen. „Die Ausbildung eines Standes von Schriftgelehrten muss in der Begegnung und Auseinandersetzung mit dem Hellenismus erfolgt sein."[27] Klosterähnlicher waren die Essener (die „Frommen") organisiert. Ihre Gemeinschaften waren stark von der Askese und festen Tagesabläufen geprägt. Die Zeloten (die „Eiferer") waren eine Gruppierung, die sich im ersten Jahrzehnt unserer Zeitrechnung von den Pharisäern abspaltete und den bewaffneten Kampf gegen die römische Besatzungsmacht aufnahm. Das führte im Jahr 66 zum Ausbruch des ersten Jüdischen Krieges, den die Römer im Jahr 70 mit der Zerstörung Jerusalems siegreich beendeten. Die Sadduzäer und Essener gingen in diesem Krieg unter.

Der Monotheismus und die differenzierte Ethik des Judentums waren bei den gebildeten Menschen der hellenistischen Welt sehr beliebt. Denn die alten griechischen und römischen Göttervorstellungen oder die Mysterienkulte und Orakel konnten ihnen offensichtlich keinen religiösen Halt vermitteln und die Sinnfragen nicht hinreichend genug beantworten. Zudem distanzierten sich die Philosophen (Stoa und Epikureer) von den überkommenen Götterbildern.

Die Geschichte der frühen Jesus-Bewegung und der ersten schriftlichen Quellen über sie ist mit diesem gesamten Umfeld mehr oder weniger eng verflochten, zumal die Pharisäer nach dem Jüdischen Krieg mehr Geltung erlangten und schon im Jahr 70 den endgültigen Bruch mit den Christen für das Judentum vollzogen haben.[28] Auch die Entstehung der Kirche und ihr späterer Stellenwert sind ohne das Römische Weltreich und dessen Untergang im fünften Jahrhundert nicht zu denken. Gerade die Gegnerschaft der Pharisäer, die mit der Kritik Jesu an ihrer peniblen Gesetzesauslegung und -befolgung beginnt, hat der Urgemeinde in Jerusalem und Palästina schwer zugesetzt.

Es verwundert deshalb nicht, dass die Apostelgeschichte in der ersten Texthälfte unter anderem auf den *Pharisäer* Paulus fixiert ist. „Lukas“ wirft ihm vor, dass er in Jerusalem an der Ermordung des hellenistischen Judenchristen Stephanus, der als erster christlicher Märtyrer gilt, mitgewirkt hat (Apg 7,54-8,1a und 22,20). Allerdings ist eine Beteiligung des Paulus' an jener Aktion, historisch betrachtet, unwahrscheinlich, denn „Lukas“

hat diese Bemerkungen wohl nachträglich eingefügt resp. diesen Textabschnitt geschickt komponiert, um die nachfolgende Paulus-Bekehrung, die in der Apostelgeschichte gleich drei Mal geschildert wird (in den Kapiteln 9, 22 und 26), umso deutlicher herauszustellen. Je dunkler ein solch schändlicher Hintergrund gemalt wird, desto heller leuchtet das Licht der Bekehrung.[29]

Zudem ist anzumerken, dass die „lukanische" Darstellung „in typischer Weise auf Jerusalem zentriert ist". Es liegt jedoch nahe, „die antichristlichen Aktivitäten des Paulus in Damaskus anzusiedeln", wofür die Textbefunde im Brief an die Galater (1,17 u. 1,22) sowie in der Apostelgeschichte (9,2) Hinweise liefern.[30] Der Name „Stephanus" taucht in den authentischen Paulusbriefen nicht auf.

Die jüdischen Hellenisten Jerusalems, die aus der Diaspora gekommen waren, hielten ihre Gottesdienste unter Verwendung der Septuaginta in griechischer Sprache, während die in Palästina beheimateten Juden, wie erwähnt, die ihnen vertraute aramäische Sprache pflegten. Ein Zirkel jener Hellenisten mit ihrem Wortführer Stephanus war nun zu den Anhängern des Jesus von Nazaret übergetreten, die von den Juden im Sinne einer Sekte „Nazarener" genannt wurden.[31] Die bereits bestehenden Spannungen zwischen den Juden und den Hellenisten eskalierten bezüglich der Gruppe um Stephanus dermaßen, dass dieser schließlich verhaftet und gesteinigt wurde. Seine Gemeinschaft, die ein eigenes, sieben Personen umfassendes Leitungsgremium hatte, wird vorher – und ähnlich wie Jesus – „Anstoß an den Missständen des Tempelkultes und kleinlichen Praktiken der Gesetzesauslegungen" [32] genommen haben und musste nach dem Tod des Stephanus aus Jerusalem fliehen.

Von ihnen ging danach die erste Missionierung in den, nach christlicher Ansicht, *heidnischen* Gebieten aus, die der Apostel

Paulus in weitaus größerem Umfang fortsetzte. So begründeten sie etwa die aus Juden- und Heidenchristen bestehende Gemeinde in Antiochia (Syrien). Und dort *„nannte man die Jünger zum ersten Mal Christen“* (Apg 11,26). Bischof Ignatios von Antiochia (gest. 117 n.Chr.) verwendete außerdem in einem Brief erstmalig den Ausdruck „katholische“ Kirche, was „allgemein“ oder „auf das Ganze bezogen“ bedeutet.[33]

Die „Hebräer“, also die aramäisch sprechenden Judenchristen, mit den von Jesus erwählten Zwölf Aposteln an der Spitze – die Zwölfzahl symbolisiert die zwölf Stämme Israels –, konnten hingegen in Jerusalem verbleiben. Die Judenchristen wollten sich nämlich gar nicht von den jüdischen Ritualgesetzen, den Reinheitsgeboten oder der Beschneidung abwenden. Auch Paulus stand für sich selbst dazu. Er vertrat jedoch im Rahmen seiner Missionierungen die Ansicht, dass sich Heiden, die sich zum Christentum bekennen wollen, der Befolgung dieser Gebote oder der Beschneidung nicht zu unterziehen brauchen. Genau das aber führte zu einem Streit mit Petrus und den „Jerusalemer Autoritäten“, obwohl jene dann doch die „gesetzesfreie Heidenmission anerkannt“ haben.[34] Nach dem Jahr 70, also nach der Zerstörung Jerusalems und der Verbannung aus dem Judentum, verloren die Judenchristen allerdings erheblich an Bedeutung und wurden zu einer Randgruppe innerhalb der heidenchristlichen Kirche.

Die Berufung zum Apostel

Die Bekehrung des Paulus' war wohl der einschneidendste „Schicksalsmoment“ in seinem Leben. Er dürfte knapp 30 Jahre alt gewesen sein, als er eine Gotteserfahrung machte, die ihn zutiefst veränderte. Paulus hatte sich in seiner Funktion als Pharisäer von Jerusalem aus auf den Weg nach Damaskus begeben. Er *„wütete immer noch mit Drohung und Mord gegen die Jünger des Herrn"*, wie „Lukas" in der Apostelgeschichte mitteilt (9,1); und Paulus hatte Sendschreiben des jüdischen Hohenpriesters in Jerusalem bei sich, um in Damaskus *„die Anhänger des (neuen) Weges, Männer und Frauen, die er dort finde, zu fesseln und nach Jerusalem zu bringen"* (Apg 9,2).

Doch kurz vor Damaskus wurden seine ganzen Pläne von einem Augenblick auf den anderen nichtig, als *„ihn plötzlich ein Licht vom Himmel umstrahlte. Er stürzte zu Boden und hörte, wie eine Stimme zu ihm sagte: Saul, Saul, warum verfolgst du mich? Er antwortete: Wer bist du, Herr? Dieser sagte: Ich bin Jesus, den du verfolgst"* (Apg 9,3–5). Und nachdem Paulus wieder aufgestanden war und die Augen geöffnet hatte, konnte er nicht mehr sehen; als hätte ihn das göttliche Erstrahlen seines Augenlichts beraubt. Seine Begleiter, die namentlich nicht genannt werden, hatten zwar die Stimme gehört, aber sonst gar nichts zu erkennen vermocht. Sie nahmen Paulus *„bei der Hand und führten ihn nach Damaskus hinein. Und er war drei Tage blind, und er aß nicht und trank nicht"* (Apg 9,8-9).

Selbst wenn man das dramaturgische Geschick des Autors negiert und vielleicht sogar, da die Begleiter mit den Augen nichts wahrgenommen haben, eine innere Vision in Betracht zieht, so ist Paulus trotzdem davon derartig geblendet und über die Maßen erschüttert gewesen, dass ihn das Erlebnis einfach umgeworfen hat – äußerlich wie innerlich. Die drei in der Apostelgeschichte vorkommenden Schilderungen des Vorgangs weisen freilich Widersprüche auf. In Kapitel 22, Vers 9, sehen die Paulus-Begleiter zwar das helle Licht, aber sie können die Stimme Jesu nicht hören; in Kapitel 25, Vers 14, stürzen auch die Begleiter aufgrund des Licht-Phänomens zu Boden, aber Paulus erblindet diesmal nicht. Doch durch solche Variationen soll lediglich ein abwechslungsreicheres Bild entstehen.[35] Sie sind folglich wohl stilistischer Natur. Paulus hat zwar als Pharisäer Gewalt angewandt, und er mag für Todesurteile gestimmt haben, „aber getötet hat er selbst nicht".[36] „Lukas" will Paulus schließlich nicht demontieren, sondern ihn mit Bedacht als *den* Protagonisten der Völkermission literarisch aufbauen.

Im 1. Brief an die Gemeinde in Korinth (9,1 u. 15,8) sowie im Brief an die Galater (1,12–16) erwähnt der Apostel – ohne jedoch näher darauf einzugehen –, dass sich Jesus Christus ihm in einer Erscheinung offenbart habe. Er hält sich für den Letzten der Augenzeugen, denen Jesus nach seiner Auferstehung erschienen ist. Darin erkennt Paulus seine Berufung, nämlich als „Apostel" des Herrn („Bote" oder „Gesandter") missionarisch tätig zu werden und das Wort Gottes zu verkünden. Der Apostel-Begriff wird für ihn zu einer Art Berufsbezeichnung, mit dem er sich in den christlichen Gemeinden „ausweist" und sich von selbsternannten oder falschen Predigern und Aposteln unterscheidet. Sein Handeln wird durch den an ihn direkt ergangenen Auftrag des Herrn legitimiert. Und das gilt noch entschiedener für die Zwölf Apostel, die von Jesus persönlich für die Nachfolge bestimmt wurden und an deren Seite Paulus stehen möchte.

Zugleich ringt er mit seinen Zweifeln. Im 1. Brief an die Korinther kommt er zwei Mal darauf zu sprechen. *„Bin ich nicht ein Apostel? Habe ich nicht Jesus, unseren Herrn, gesehen? Seid ihr nicht mein Werk im Herrn? Wenn ich für andere kein Apostel bin, bin ich es doch für euch. Ihr seid ja im Herrn das Siegel meines Apostelamtes"* (1 Kor 9,1–2). An anderer Stelle des Briefes benennt Paulus diejenigen, welchen wie ihm eine Erscheinungserfahrung zuteilwurde. Christus *„ist am dritten Tag auferweckt worden, gemäß der Schrift, und erschien dem Kephas, dann den Zwölf. Danach erschien er mehr als fünfhundert Brüdern zugleich; die meisten von ihnen sind noch am Le-*

ben, einige sind entschlafen. Danach erschien er dem Jakobus, dann allen Aposteln. Als Letztem von allen erschien er auch mir, dem Unerwarteten, der ‚Missgeburt'. Denn ich bin der Geringste von den Aposteln; ich bin nicht wert, Apostel genannt zu werden, weil ich die Kirche Gottes verfolgt habe. Doch durch Gottes Gnade bin ich, was ich bin, und sein gnädiges Handeln an mir ist nicht ohne Wirkung geblieben" (1 Kor 15,4–10).

Ergänzend ist anzumerken, dass „Lukas" dem Missionar Paulus den Aposteltitel vorenthält. „Das geschieht selbstverständlich nicht, um Paulus zu degradieren."[37] Das Apostelamt soll vielmehr alleinig mit den Zwölf Aposteln und der Mutterkirche in Jerusalem verbunden bleiben.[38] Und nebenbei bedeutet das auch, dass der Verfasser der Apostelgeschichte, wie oben schon erwähnt, Paulus nicht gekannt hat. Denn „ein Mann, der Titel und Würde eines Apostels ausschließlich den Zwölfen reserviert und dem Paulus konsequent verweigert, obwohl Paulus den Apostolat für sich beansprucht und verteidigt hat, kann kein Begleiter des Paulus gewesen sein."[39]

Im Übrigen blieb Paulus nicht blind. Ein Jünger namens Hananias in Damaskus hatte nämlich durch eine Vision den Auftrag bekommen, Paulus zu suchen. *„Der Herr sagte zu ihm: Steh auf und geh zur sogenannten Geraden Straße, und frag im Haus des Judas nach einem Mann namens Saulus aus Tarsus"* (Apg 9,10–11). Aber Hananias ängstigte sich, weil dem Pharisäer Paulus so viel Böses nachgesagt wurde. Schließlich tat er, nach einer göttlichen Ermahnung, wie ihm geheißen, und betrat das Haus des Judas. Dort legte er Paulus segnend die Hände auf: *„Bruder Saul, der Herr hat mich gesandt, Jesus, der dir auf dem Weg hierher erschienen ist; du sollst wieder sehen und mit dem Heiligen Geist erfüllt werden. Sofort fiel es wie Schuppen von seinen Augen, und er sah wieder; er stand auf und ließ sich taufen"* (Apg 9,17–18). Ja, und *„nachdem er etwas gegessen hatte, kam er wieder zu Kräften"* (Apg 9,19) – wie es sich für eine ordentliche Vesper gehört.

Lebensdaten

Zw. 5 u.10	Saul/Paulus wird in Tarsus (Kleinasien) geboren
Vor 30	Jüdisch-religiöse Ausbildung (eventuell in Jerusalem) sowie eine Ausbildung zum Zeltmacher
30	Kreuzigung Jesu in Jerusalem
Vor 33 bis um/nach 33	Paulus geht als Pharisäer gegen die Judenchristen vor (besonders in Damaskus)
Um 33	Steinigung des Stephanus
Um/nach 33	Bekehrungserlebnis vor Damaskus
Nach 33 bis um 35	Paulus unter anderem in Damaskus
Um 35	Erstes Treffen mit dem Apostel Petrus in Jerusalem (15 Tage)
Um 45 bis 47	1. Missionsreise: Zypern und Kleinasien
48/49	Apostelkonzil in Jerusalem (Paulus trifft Petrus dabei erneut); danach Konflikt mit dem Apostel Petrus in Antiochia
49–50	2. Missionsreise: Syrien, Kleinasien, Makedonien
50–52	Apostel Paulus in Korinth
52–54/55	3. Missionsreise: Ephesus, Makedonien, Kleinasien, Cäsarea
57	Apostel Paulus in Jerusalem
57–59	Apostel Paulus in Cäsarea
Um 60	Ankunft in Rom
63/64	Hinrichtung des Apostels Paulus unter Kaiser Nero in Rom

Der ruhige und der unruhige Gott

Aurelius Augustinus (354–430)

„Unruhig ist unser Herz, bis es ruhet in dir."[40]

Dieses schöne Wort aus dem Buch „Bekenntnisse" des heiligen Augustinus, das dieser an Gott gerichtet hatte, wird seither gern auf das Phänomen der Liebe allgemein übertragen: Liebe sei ein „Ruhen im Herzen des Anderen". Der Satz kann wohl als eine der schönsten Formulierungen gelten, die jemals über die Liebe gefunden wurde. Und die „Bekenntnisse" enthalten noch viele weitere solcher Sätze, ja das ganze Buch gilt als eine „Sternstunde der Philosophie" überhaupt.[41] Hier wird wohl erstmals in der Geschichte der Menschheit jedem Leser eine ehrliche Auseinandersetzung mit dem eigenen Lebensweg, dem tiefsten Inneren und eine ganz persönliche Begegnung mit Gott nahegebracht, weshalb man über Augustinus' Biographie außergewöhnlich gut Bescheid weiß.

Dabei stand dem Autor der Sinn in seiner frühen Jugend meist nach ganz andern Dingen, obwohl ihm die Auseinandersetzung mit Gott gleichsam in die Wiege gelegt worden war. Diese Wiege befand sich am 13. November des Jahres 354 nach Christus in Thagaste in Nordafrika, dem heutigen Souk Ahras in Algerien. Augustinus' Mutter, die heilige Monica (331–387), war eine begeisterte Christin und erzog ihren ältesten Sohn im Sinne dieses Glaubens, ließ ihn aber nicht gleich taufen. *„Nichts ist fern von Gott, es ist auch nicht zu fürchten, dass er beim Ende der*

Welt nicht wüsste, wo er mich erwecken soll.“[42] Mit diesen Worten der Zuversicht aus dem Mund seiner Mutter – als Antwort auf die Frage, wo sie dereinst beerdigt sein wolle – belegte er deren tiefen Glauben.

Sein heidnischer Vater, der begüterte römische Beamte Patricius, soll keine besondere Rolle für Augustinus gespielt haben, ebenso wenig wie sein Bruder Navigius und seine Schwester Perpetua. Vielleicht wurde ihm durch den Vater immerhin das Bewusstsein von der damals noch festen geistigen Klammer des Römischen Reichs vermittelt, welche noch einige wenige Jahre den Rahmen für die gesamte damalige „Welt“ abgab. In diesem Reich hatte schon 313 die „Konstantinische Wende“ stattgefunden, durch die das Christentum erst zu einer geduldeten Kirche wurde und 380 zur Staatsreligion erhoben werden konnte – was in einem sehr rechtsbetonten Staatssystem, wie dem römischen, im Grunde überlebenswichtig war.

Augustinus soll der Begabteste in der Familie gewesen sein[43], weshalb man ihn – nach dem Elementarunterricht in Thagaste – nach Madaura auf die Rhetoren- bzw. Grammatikschule schickte. Mit sechzehn Jahren zog Augustinus dann nach Karthago, wo er Rhetorik studierte.

Die dortige Schule, die man im Rückblick als „Hochschule“ bezeichnen könnte, betrachtete er später in seinen „Bekenntnissen“ recht abfällig und schonte auch sich selber nicht mit Kritik: *„[...] dort wollte ich glänzen, um so ruhmreicher, je gewandter ich das Recht verdrehen würde. So groß ist die Verblendung der Menschen: Sie rühmen sich noch ihrer Verblendung. Und schon galt ich was in der Schule des Rhetors und freute mich dessen höchlich und schwoll von Selbstgefühl“.*[44]

In Karthago hatte er auch eine Konkubine, also eine zeitweise Lebensgefährtin, mit der er nicht verheiratet war, die ihm aber einen Sohn schenkte, den sie Adeodatus nannten. *„Ich hatte in die-*

sen Jahren geschlechtlichen Umgang mit einer einzigen, nicht in einer Ehe, die man gesetzmäßig nennt – die schweifende Brunst, der Besonnenheit bar, hatte sie aufgespürt –, immerhin nur mit der einen".[45]

Laut seinen „Bekenntnissen" lernte er dadurch auch den Unterschied zwischen einer ehelichen Bindung, *„die man der Zeugung wegen eingeht, und einem Abkommen zum geschlechtlichen Liebestausch"*.[46] Worin der Unterschied genau besteht, verriet er hier allerdings nicht. Sein Interesse galt also in seiner Jugend vorrangig seinem „Selbstgefühl".

Ein Buch verändert das Leben

Recht schnell verließ der 19-Jährige dann das Bett der Geliebten, um sich Büchern zuzuwenden; das sollte sein Leben bis zum Ende prägen. Es mag häufig vorkommen, dass ein Mann sich nach der Befriedigung seiner geschlechtlichen Triebe und der Hingabe an das Emotionale in seiner Jugend hauptsächlich dem Mentalen zuwendet, in einem Beruf Karriere macht, studiert, kreativ wird und selber Bücher schreibt; es gab aber wohl selten solch eine radikale Wende, wie das bei Augustinus der Fall war; ein Schicksalsmoment bei der Begegnung mit einem bestimmten Buch.

Diese sollte sein ganzes weiteres Leben prägen. Diese Begegnung und innere Entwicklung des Heiligen war wohl auch ein früher Vorbote der kommenden neuen Epoche des Mittelalters. Auch Martin Luther wurde im Spätmittelalter, im Jahre 1505, Mönch im Orden der Augustiner-Eremiten (siehe das Luther-Kapitel in diesem Buch).

Das Buch selber nun, um das es geht, entstammte freilich noch ganz der Antike: „Hortensius" von Cicero, eine heute nur in winzigen Resten erhaltene „Werbeschrift" für die Philosophie. *„‚Liebe zur Weisheit' aber besagt das griechische Wort Philosophie, und* *zu dieser Liebe entflammte mich jene Schrift"*,[47] beschrieb Augustinus die Wirkung der Lektüre.

„Sie gab meinem Gemütsleben eine andere Richtung, meinen Gebeten die Richtung auf Dich selbst, o Herr, und machte, dass mein Wünschen und Sehnen nun auf anderes ging."[48]

Eine Schrift aus der Antike – Richtung gebend letztlich auf das Christentum hin, auf den Kulturträger des Mittelalters. Oft denkt man beim Stichwort „Schicksalsmoment" im Leben des Augustinus an einen späteren Augenblick der Inspiration in seinem Lebenslauf – auf den wir noch eingehen werden – und vergisst, dass bereits die Begegnung mit Cicero eine erste Wende für sein Dasein brachte. Er war wohl eine Persönlichkeit, die für solche Schicksalsmomente mit großen Folgen besonders disponiert war.

„Hortensius" brachte für den jungen Augustinus eine radikale Änderung seines Lebenswandels mit sich: Nach seiner Cicero-Lektüre wandte er sich vom ausschweifenden Leben ab und wurde erst einmal Manichäer, „weil er in dieser Sekte eine tiefere und radikalere Form des Christentums erblickte".[49] Deren Anhänger glaubten an eine künftige „‚Erweckung' der Seele durch das ‚Vernunftlicht'". Jesus als diese Art Lichtgestalt werde die Erweckung für diejenigen bringen, so glaubte man, die zu Lebzeiten sexuelle Enthaltsamkeit üben, fasten, vegetarisch essen, keine Handarbeit verrichten und ohne materiellen Reichtum leben.[50]

Geistesgeschichtliche Situation in spätrömischer Zeit

Bei dem Begründer dieser Sekte, Mani (216–276), handelt es sich um eine typische Gestalt der Geistesgeschichte des Römischen Reichs in den ersten Jahrhunderten nach Christi Geburt. Er mischte aus allen möglichen Strömungen seine Überzeugungen und Kulte zusammen. Aber auch das Christentum war ursprünglich ein religiöser „Schmelztiegel", ein sogenanntes „synkretistisches Phänomen"[51], wie es der Theologe Rudolf Bultmann bezeichnete: Verschiedenste Kulte, Religionen, religiöse Strömungen oder philosophische Lehren wurden in das Glaubenssystem einbezogen oder im Zusammenhang damit diskutiert. In der Spätphase des Römischen Reichs stand alles zur Frage, keine Orientierung war mehr unangefochten vorherrschend – im Grunde wie hierzulande seit 1989, seit dem (auch ideologischen) Ende des Ost-West-Konflikts.

Ganz am Anfang hatten die ersten Christen auf die Frage, „Woran glaubt ihr eigentlich?", als Antwort vor allem eine kurze Geschichte parat, die sich im ersten Brief des Apostels Paulus an die Gemeinde in Korinth erhalten hat: *„Christus ist für unsere Sünden gestorben, gemäß der Schrift, und ist begraben worden. Er ist am dritten Tag auferweckt worden, gemäß der Schrift, und erschien erst dem Kephas, dann den Zwölf."* (15,3 ff).

Damit unterschied sich das Christentum freilich von „synkretistischen Sekten": Auf der Basis einer sehr alten Tradition mit einem tief durchdachten Gottesbild, nämlich dem der jüdischen Schriften („der Schrift") – selbst von alten Hochkulturen geprägt –, wurde diese Ur-Geschichte über Jesus in der Auseinandersetzung vor allem mit der griechischen Philosophie immer weiter ausgeprägt, und zwar bis zum heutigen Tag. Bis heute arbeiten Theologen wissenschaftlich an der Vertiefung der christlichen Lehre, indem sie Gedankengänge aus Geschichte und Gegenwart aufnehmen bzw. verwerfen. Dass diese Auseinandersetzung nicht nur durch das kirchliche Lehramt, sondern auch durch die theologische Wissenschaft geführt wird, macht wohl die faszinierende geistige Tiefe dieser Weltreligion aus. Selbst den Theologen Joseph Ratzinger reizt es nach wie vor, sich an dieser globalen theologisch-wissenschaftlichen Auseinandersetzung zu beteiligen, und er brachte bis 2012 unter anderem drei Bände über Jesus Christus heraus, auch nachdem er 2005 zum Papst gewählt worden war und sich Benedikt XVI. nannte (2013 zurückgetreten).

Weil das theologisch-wissenschaftliche Denken im Christentum einen solch hohen Stellenwert einnimmt, verehrt oder schätzt man tiefsinnige christliche Denker. Als die bedeutendsten Theologen auf dem Weg des Christentums durch die Zeiten gelten die sogenannten „Kirchenväter", zu denen Augustinus vorrangig gehört.

Augustinus war jedoch anfangs nicht einmal getauft, führte in seinen ersten Studienjahren ein ausschweifendes Leben und diente seinem von ihm so genannten „Selbstgefühl". Dann gab ihm das erwähnte Buch Ciceros eine neue Richtung für seinen Lebensweg, die ihn zunächst zu den Manichäern führte. Also war auch er, Augustinus, zunächst eine typische Erscheinung des „synkretistischen Schmelztiegels" in der Spätzeit des Römischen Reiches?

Zur Beantwortung dieser Frage muss man seinen weiteren Lebensweg verfolgen. Um das Jahr 374 ging er wieder nach Thagaste, aber nicht mehr als Schüler, sondern diesmal als Lehrer der Grammatik und Rhetorik. Jahre später, 389, erschien Augustinus' nach wie vor lesenswerte Schrift „De magistro" („Über den Lehrer") in der er den Lehrer als Anreger zeigt, die menschliche Disposition der Seele wahrzunehmen und zu entwickeln – und das ist von der Sicht eines Wilhelm von Humboldt (1767–1835) gar nicht so weit entfernt.[52]

Ein Jahr darauf ließ er sich in Karthago nieder. Hier wuchsen mit den Jahren die inneren Zweifel am „manichäischen System"[53], die nicht einmal nach seinem Umzug nach Rom 383 ausgeräumt waren. Aber er blieb in Beziehung zu Freunden, *„die* *von der manichäischen Torheit trunken waren"*[54] und erhielt 384 eine bedeutende Stelle als Magister der Rhetorik in Mailand.

Mailänder Schicksalsmoment

Dort stieß er auf den berühmten Bischof Ambrosius (um 339–397), der ihn wiederum mit neuen Lehren konfrontierte, nämlich denjenigen des Neuplatonismus, die Augustinus zumindest näher an das Christentum heranführten. Hier ging es um die Bereiche des Seienden nach Platon (um 428 – um 348 v. Chr.), unter anderem um das Verhältnis der „Welt der Ideen", einer geistigen Sphäre, zur materiellen Welt bzw. zur Seele des Menschen. In dieser philosophischen Theologie konnte Augustinus erkennen, dass nur durch den biblischen Christus das Heil erlangt werden könne. Aber noch war er für das Christentum nicht endgültig gewonnen. Sein Suchen, seine innere Krise verschärften sich in Mailand sogar.

Dann kam jener berühmte Schicksalsmoment, den Augustinus in seinen „Bekenntnissen" schildert: *„Zu unserer Herberge gehörte ein kleiner Garten [...] Da auf einmal höre ich aus dem Nachbarhaus die Stimme eines Knaben oder Mädchens im Singsang wiederholen: ‚Nimm es, lies es, nimm es, lies es!'"*[55] Augustinus fühlt sich aufgefordert, die nächstliegende Bibel aufzuschlagen und die erste Stelle, die ihm begegnet, zu lesen. Er fand den Vers 13 aus dem dreizehnten Kapitel des Briefes von Paulus an die Römer: *„Lasst uns ehrenhaft leben wie am Tag, ohne maßloses Essen und Trinken, ohne Unzucht und Ausschweifung, ohne Streit und Eifersucht."*

Augenblicklich *„strömte ein Licht"* in sein Herz und er bekehrte sich, es war Anfang August 386, zum Christentum. Er zog sich zunächst auf ein Landgut zurück, um auf mönchische Weise zu leben. Hier gelang es ihm, seine manichäischen Erfahrungen mit dem christlichen Glauben zu verbinden. In der Osternacht des Jahres 387 empfing er in Mailand die Taufe und reiste in Richtung Thagaste ab, um in der Gemeinschaft mit Freunden die begonnene Lebensweise fortzusetzen. Leider war schon vor der Schiffs-Überfahrt seine Mutter Monica verstorben.

In der nordafrikanischen Stadt Hippo Regius machte er Station, und es wurde mehr daraus – ein letzter, langer Lebensabschnitt. Augustinus wurde gebeten, zuerst als Prediger zu wirken und einige Jahre nach seiner Priesterweihe (Ende 390/Frühjahr 391) das Amt des Bischofs zu übernehmen (spätestens im August 397).

Der Bischof und Theologe

Nach den Jahren des „Selbstgefühls", einer ersten Lebensphase, und dem inneren Ringen um die Wahrheit, das sich – nach zwei „Schicksalsmomenten" – mit der Lektüre bestimmter Bücher verknüpfte, kam für Augustinus nun also eine Phase des Wirkens in die Öffentlichkeit hinein, als Seelsorger, Amtsträger und Schriftsteller.

Seine theologischen Werke entstanden alle nach seiner Bekehrung zum Christentum. Neben frühen Schriften gegen den Skeptizismus, über das Streben nach Glück und zum Problem des Leidens in der Welt, die alle im Jahre 386 erschienen, ging es ihm unter anderem um den freien Willen (388) und einen Kommentar zum ersten Buch der Bibel, der Genesis (begonnen 401). Hier steht wohl einer der weisesten Sätze über das Wesen Gottes: *„Gott ist das, was er macht."*[56]

Nachdem er sich nun so in die Heilige Schrift vertieft hatte, beschäftigte er sich mit grundsätzlichen Fragen der Textauslegung und ging in seinen „Bekenntnissen" noch einmal seinen ganz persönlichen, inneren Lebenslinien nach, um sich anschließend, unter dem Eindruck der Eroberung Roms durch die Westgoten 410, mit dem Staatswesen auseinanderzusetzen; denn die letzte geistige „Klammer" der damals relevanten Welt war mit dem Fall Roms zerbrochen. Ganze vierzehn Jahre, von 413 bis 427, schrieb er an seinem umfangreichsten Werk, dem „Gottesstaat". Es war „eine Absage nicht nur an das frühere römische Gottkaisertum, sondern auch an jeden Versuch, es in christlicher Metamorphose wieder erstehen zu lassen. Die Abgrenzung vom konstantinischen Staatskirchentum war deutlich."[57]

Vielleicht glaubte er außerdem, mit diesem Thema, wenige Jahre vor seinem Tod in Hippo Regius (430), mit männlicher Altersweisheit eine Synthese von abstraktem theologischem Denken einerseits und Wirken für die ganz konkrete Gesellschaft, ihre Bedürfnisse, Leiden und Bestrebungen andererseits, gefunden und dadurch wahre Größe erreicht zu haben.

In diesem Buch heißt es: *„Wer vermag uns zu trösten in den menschlichen Beziehungen voller Fehler und Mühsal, außer Treue und gegenseitiger Zuneigung unter wirklich guten Freunden?"*[58]

Lebensdaten

354 13. November: Geburt in Thagaste in der römischen Provinz Africa als Sohn des heidnischen Patricius und der Christin Monica

370 Eintritt in die Rhetorenschule in Madaura. Nach dem Tod des Vaters studiert Augustinus in Karthago klassische Literatur und Rhetorik und führt dort ein ausschweifendes Leben

373 Ciceros weitgehend verloren gegangene Schrift „Hortensius" weckt die Leidenschaft für das Geistige; Augustinus ändert schlagartig sein Leben. Zunächst gerät er unter den Einfluss der Sekte der Manichäer

374 Augustinus wird Lehrer der Rhetorik in Karthago

384 Berufung als kaiserlicher Rhetor nach Mailand. Kontakt zu Bischof Ambrosius und dem Neuplatonismus, Bekehrung zum Christentum

386 „De beata vita" („Vom glücklichen Leben") erscheint

387 Augustinus von Ambrosius getauft; er sieht Glauben als Gnade (Einfluss auf Luther)

388 Beginn der Arbeit an „De libero arbitrio" („Vom freien Urteil")

391 Anlässlich einer Reise nach Hippo Regius (Nordafrika): Priesterweihe

396 Nachfolger von Bischof Valerius bis zu seinem Tod

397 Die „Confessiones" entstehen („Bekenntnisse")

413 Arbeit an „De civitate Dei" („Der Gottesstaat") begonnen, dreizehn Jahre später vollendet

430 28. August: Tod in Hippo Regius

„Mitten wir im Leben sind mit dem Tod umfangen"[59]

Martin Luther (1483–1546)

„Nu komm, der Heiden Heiland,
der Jungfrauen Kind erkannt,
daß sich wunder alle Welt,
Gott solch Geburt ihm bestellt."[60]

Mit diesem Lied lernt man zunächst den anderen, den besinnlichen Martin Luther kennen. Und hier findet man einen ganz besonderen Kulturhöhepunkt: Verse von Martin Luther aus dem Jahr 1524, auf der Basis altkirchlicher Überlieferung nach Ambrosius von Mailand (339–397), musikalisch bearbeitet von Johann Sebastian Bach (1685–1750).

Das traditionsreiche Kirchenlied und die Bach'sche Kantate von 1714 gehören seit jeher zum festen Bestand der Adventsliturgie der evangelischen Kirche.[61] Und gerade die Rückbindung an den Kirchenvater Ambrosius von Mailand, der zu seinen Lebzeiten von Augustinus so verehrt wurde, dass er sich 387 von ihm taufen ließ, zeigt – zumindest in dieser Traditionslinie – eine ungebrochene Verbindung des Augustinermönchs und späteren Reformators Martin Luther zur „römischen" Kirche.

Noch um das Jahr 1513, in seiner ersten Psalmenvorlesung in Wittenberg, nannte er Augustinus einen Heiligen, der *„vor allen Heiligen dieses Neue und Einzigartige vollbracht, nämlich, dass er nicht seine eigene Gerechtigkeit schuf, auch sich nicht rechtfertigte oder sich et-*

was zuschrieb, sondern vor alle Welt das Bekenntnis der guten und bösen Taten seines ganzen Lebens hinstellte. Das heißt vornehmlich auf dem Wege der Heiligen zu stehen, ja auch auf ihm zu gehen und fortzuschreiten. Nicht hat er sich selbst in seinem Herzen als Götzenbild aufgestellt. Sondern vollkommen hat er Gott die Ehre gegeben: und das vor allen Menschen."[62]

Es sind also besonders die „Confessiones", die „Bekenntnisse" des Kirchenvaters Augustinus „vor aller Welt", die Luther so faszinierten, dass er sie für seine Psalmen-Vorlesungen heranzog, obwohl er nur die Schrift, und nichts als die Heilige Schrift, zur Grundlage seiner Theologie nehmen wollte. Bei Augustinus schien ihm ein Kerngedanke daraus klar hervorgehoben: Nur Gott allein schenkt die Rechtfertigung, die Gnade der Erlösung – er ist der „Heiden Heiland", der durch das Wunder der Geburt auf diese Welt gekommen ist.

Augustinus schilderte in seinen „Bekenntnissen" Schicksalsmomente, die ihn in mehreren Schritten zu seiner Bekehrung, zur Wahrheit im christlichen Glauben, geführt haben.[63] Vielleicht fühlte sich Luther deshalb so sehr mit Augustinus verbunden, weil auch er bekanntlich mehrere Augenblicke erlebt haben soll, die seine Theologie begründeten, seine Lebenslinien prägten und dazu beitrugen, eine neue Epoche heraufziehen zu lassen.

Von diesen Schicksalsmomenten werden üblicherweise die folgenden hervorgehoben: ein Blitzeinschlag direkt in Luthers Nähe (1505), seine Reise nach Rom im Winter 1510/11, sein Anbringen eines Thesenpapiers an der Wittenberger Klosterkirche (1517), sein „Turmerlebnis" (1518)[64], sein Streit mit einem Vertreter der römischen Kurie in Augsburg im selben Jahr und 1521 sein Auftritt auf dem Reichstag zu Worms.

„Im eigenen Winkel“

Diese große Anzahl von Angaben aus der Biographie eines einzelnen Menschen, die sich noch ergänzen ließen, erweckt den Anschein von einer Persönlichkeit, die, unter dem Eindruck zum Teil aufsehenerregender Erlebnisse, geradezu nach einer öffentlichen Behandlung drängt. So sah sich Luther selbst allerdings nicht. In einem Brief schrieb er 1518 an seinen Mentor und Ordensoberen, den Theologen Johann von Staupitz (1465–1524), dass er vor einiger Zeit begonnen habe, intensiv über das Thema Ablass zu *„disputieren“*, woraufhin man ihm *„angedichtet“* habe, *„dass ich die Macht des Papstes durch meine Disputation verletze. Das ist der Grund, hochwürdiger Vater, warum ich jetzt unglücklicherweise an die Öffentlichkeit trete – ich, der ich immer meinen Winkel geliebt habe, und der es stets vorgezogen hat, dem großen Spiel der überragenden Geister unserer Zeit zuzuschauen, als selbst dabei gesehen oder gar verlacht zu werden.“*[65]

Diesen Konflikt zwischen einer großen Öffentlichkeit und der Sehnsucht nach dem „eigenen Winkel“, der inneren Einkehr, findet man häufig bei großen Gestalten der Geschichte. Man denke nur an den Königsberger Immanuel Kant (1724–1804) oder Nikolaus Kopernikus (1473–1543), den Zeitgenossen Luthers. Kant hat Königsberg nie verlassen und sich hauptsächlich zwischen Wohnung und Universität bewegt. Kopernikus hatte eine Stelle im Domkapitel zu Frauenburg im Ermland inne, das er als den *„hintersten Winkel der Welt“*[66] bezeichnete.

Wie Luther drängte es die „Großen Geister“ der Geschichte also nicht unbedingt an die Öffentlichkeit. Auch Wilhelm von Humboldt (1767-1835) trat mehrmals von der politischen Bühne ab und zog sich von einem Tag auf den anderen gar nicht so ungern zurück, um seine Studien wieder aufzunehmen. Vielleicht war es gerade die – zumindest zeitweilige – Abgeschiedenheit, welche diesen Gestalten so manche inspirierende Augenblicke bescherte – insbesondere beim Schreiben.

Aus dem umfangreichen schriftstellerischen Werk Luthers hat man eine ganze Reihe von Auswahlbänden erstellen können, die noch dem heutigen suchenden Menschen zur stillen Besinnung dienen können. Hier wirkt der sonst als derb, kämpferisch und zu großen Aktionen neigende Reformator eher tröstend und auf Frieden bedacht. Ein eigenes Bändchen widmet sich etwa nur Luthers „Lob des irdischen Friedens", in dem es unter anderem heißt: *„Sie [die Christen] sind friedfertig und verhüten Zorn und Hader, wo sie können. Dennoch will die Welt sie nicht dulden, sondern verfolgt sie um des Worts willen."*[67]

Einen wahren Schatz für die Einkehr bieten die am Anfang zitierten Lieder Luthers. Wer sie liest, betet, in einer Gemeinde mitsingt oder dem Gesang zuhört, mag sich – vielleicht in einem eigenen Schicksalsmoment – von innerem Frieden ergreifen lassen. In diesem Sinne halfen sicher schon vielen Menschen seine berühmten Verse nach dem Psalm 130:

„Aus tiefer Not schrei ich zu dir,
Herr Gott, erhör mein Rufen.
Dein gnädig Ohren wend zu mir
und meiner Bitt sie öffne."[68]

Diese Frömmigkeit Luthers, gepflegt im kunstvollen Liedgut, wirkte weiter in der Bewegung des Pietismus: Im 17. und 18. Jahrhundert war das Kirchenlied neben der Lutherbibel, der Barockdichtung und der Mystik die wichtigste Quelle für die Sprachpflege dieser Richtung, welche auf religiöse Erfahrbarkeit und Spiritualität im Protestantismus drängte. Und über die großen Romantiker Clemens Brentano, Joseph von Eichendorff und Novalis ist jene Sprache letztlich sogar in die Weltliteratur eingegangen.[69]

In seinem Vorwort zu den Gesängen zum Begräbnis schrieb Luther 1542 wiederum sehr tröstlich *„Dem christlichen Leser“*: *„St. Paulus schreibt denen zu Thessalonich, daß sie über die Toten nicht betrübt sein sollen wie die andern, die keine Hoffnung haben, sondern sich trösten sollen durch Gottes Wort, als solche, die sichere Hoffnung haben auf das Leben und die Auferstehung der Toten“* (1 Thess 4,13).[68]

Zu diesen friedvollen, tröstlichen Worten fand Luther in vielen Augenblicken der Inspiration, die er nicht einzeln markiert und öffentlich herausgestellt hat. Sie prägten sein ganzes Dasein, vermehrt freilich eine letzte Phase in seinem Leben, nämlich die Zeit von 1525 bis zu seinem Tod 1546, als er geheiratet und sich endgültig in Wittenberg niedergelassen hatte – ohne in dieser Periode freilich ganz auf die bekannten Zornesausbrüche zu verzichten.

Äußere Schicksalsmomente auf dem Lebensweg

Der erste der aufsehenerregenden Schicksalsmomente, die er selbst in Veröffentlichungen beschrieben hat, der Blitzeinschlag, ereignete sich ebenfalls in Abgeschiedenheit, jedoch nicht begleitet von innerer Ruhe. Es soll eher die Zwangssituation in seiner Familie gewesen sein, die den Rahmen für den jungen Erwachsenen bildete, als dieses „Blitz-Ereignis“ über ihn kam und eine erste Wende in seinem Leben herbeiführte. Für diese Atmosphäre des Zwangs und der Angst soll sein Vater verantwortlich gewesen sein. Schon seit seiner Geburt, am 10. November 1483 in Eisleben, schien sein Weg nämlich von den Vorstellungen seines Vaters klar vorgezeichnet; denn mit Ausrufen wie *„Hast Du etwa* *auch noch nicht gehört, dass man seinen Eltern gehorchen soll?"*[71], drohte er ihm und versuchte, sein Leben zu bestimmen. *„In väterlicher Sorge wegen meiner Anfälligkeit – ich war ein Jüngling von eben zweiundzwanzig Jahren, d.h. um mit Augustin zu sprechen, in glühender Jugendhitze – fürchtetest Du für mich [...]"*[72], schrieb er an seinen Vater 1521 rückblickend in einem Brief, der in seiner Art und Bedeutung durchaus mit dem Brief des Kronprinzen Friedrich (später: des Großen) von 1728 an seinen Vater und dem „Brief an den Vater" von Franz Kafka aus dem Jahr 1919 zu vergleichen ist.

Sein Vater Hans zwang Luther zuerst zum Studium der Logik, Grammatik und Rhetorik in Erfurt – darin wiederum dem Weg des Augustinus vergleichbar. Danach sollte er Jura studieren, was ihm zutiefst zuwider war: *„Es ist ein altes Sprichwort: Ein Jurist, ein böser Christ. Und es ist wahr."*[73]

Am 2. Juli 1505 soll nun bei einem Gang durch die Landschaft[74] ein Blitz ganz in seiner Nähe eingeschlagen haben – und er legte augenblicklich das Gelübde ab, Mönch werden zu wollen. Das versicherte er später auch dem Vater, dass er *„vom Himmel durch Schrecken gerufen, nicht etwa freiwillig oder auf eigenen Wunsch Mönch geworden sei. Noch viel weniger wurde ich es um des Bauches willen, sondern von Schrecken und der Furcht vor einem plötzlichen Tode umwallt, legte ich ein gezwungenes und erdrungenes Gelübde ab."*[75]

Obwohl der Vater tobte, trat Martin vierzehn Tage danach, am 17. Juli 1505, in das Erfurter Kloster der Augustiner-Eremiten ein. War er nun befreit von allen Zwängen? Wohl kaum. Noch lange Zeit, sogar noch nach seiner Priesterweihe 1507, war er einem Angstgefühl ausgesetzt, das zumindest im Hintergrund väterliche Einflüsse abbildete und sich vor allem in der Angst vor einem richtenden, strafenden Gott manifestierte. Einerseits sah er durchaus ein, dass es Strafe grundsätzlich geben müsse, ja, diese sogar ein positives Zeichen sein könne: *„Ein Vater schilt, straft* *und stäupt sein Kind und ist ihm doch nicht feind; der ist ihm aber feind, der zu seiner Bosheit schweigt und nicht schilt noch straft.*"[76] Am Ende aber sollten das Strafen und die Angst vorbei sein, da müsse das so bestimmte Leben *„doch aufhören und uns zufrieden in der Ruhe Christi schlafen lassen, bis er kommt und wecke uns mit Fröhlichsein wieder auf, Amen"*.[77] Das Letztere schrieb Luther erst 1530 an seinen kranken Vater, ganz in der Diktion des Augustinus: „Unruhig ist unser Herz, bis es ruhet in dir."[78]

In den Anfangsjahren seines Klosterlebens dauerten also seine Ängste an. Seine „Sorgen um das ewige Seelenheil und seine Angst vor einem plötzlichen, ihn unvorbereitet vor den himmlischen Richter rufenden Tod waren mit dem Eintritt ins Kloster nicht vorbei. Im Gegenteil, die frommen Übungen [...] scheinen die Ängste [...] noch gesteigert zu haben."[79] Er rang „geradezu existentiell"[80] mit der Frage nach der Rechtfertigung vor dem „gerechten" Gott und schuf damit eine Art des „Ringens" mit inneren, geistigen Konflikten, wie sie seit Luther besonders bei Intellektuellen üblich wurde.[81] Immerhin vermittelten ihm die Lektüre der Bibel und die Weitergabe seines Denkens in der ersten Psalmenvorlesung 1513/15 – bereits 1512 war Luther Doktor der Theologie geworden – eine gewisse Zuversicht, welche wiederum an die Werke seines Vorbilds Augustinus geknüpft war.[82]

Zur endgültig tröstlichen „Ruhe in Gott" kam er aber erst auf dem Umweg über mindestens einen weiteren Schicksalsmoment. Als ein solcher wird häufig die Romreise im Winter 1510/11 angesehen. Luther war dorthin mit einem Begleiter gesandt worden, um einen Konflikt mit Reformklöstern innerhalb des Ordens an höchster Stelle, beim Ordensgeneral, entscheiden zu lassen. Am Ende wurde ein Kompromiss verabschiedet. Aber eine besondere Umkehr fand hier nicht statt, und zum „Reformator ist er in Rom nicht geworden".[83] Das beginnende lasterhafte Leben der

Renaissance-Päpste hat er genauso wenig wahrgenommen wie den Glanz der prächtigen Paläste und der Gemälde Michelangelos, die gerade erst im Entstehen waren. Gerüste prägten die Straßen. Überhaupt war Luther in der Tat wohl eine Persönlichkeit, „die für Impulse aus der äußeren Welt kaum empfänglich war und sich ganz auf existentielle Probleme konzentrierte", so die Darstellung in Heinz Schillings Luther-Biographie.[84]

Ein „existentielles" Problem war für ihn nach wie vor der „gerechte Gott". Mehr als mit den Prachtbauten, Bischöfen oder Ordensgenerälen Roms setzte er sich weiterhin mit der Formel von „Gottes Gerechtigkeit" auseinander. Diese individuelle, an die eigene Erfahrung, das eigene Gewissen, die aufkommende moderne Wissenschaft und Politik gebundene Art, wie er seine geistigen Auseinandersetzungen gleichsam durchlitt, sollte in den kommenden 500 Jahren für die Intellektuellen typisch werden. Nicht umsonst sind bedeutende Geister wie Gryphius, Wieland, Lessing, Lichtenberg, Claudius, Schleiermacher, Schelling, Dilthey, Nietzsche, Hesse, Schweitzer oder Benn und Dürrenmatt aus evangelischen Pfarrhäusern hervorgegangen. Sie alle ergründeten so manche bis dahin kaum ausgelotete Tiefen des Denkens – bis das übertriebene Beachten von Äußerlichkeiten, der „äußeren Welt", zu Beginn des 21. Jahrhunderts wieder in den Vordergrund des allgemeinen Bewusstseins rücken sollte.[85]

Suche nach dem gerechten Gott

Wie ging Martin Luthers innerer Weg weiter? Er konnte es sich selbst nicht ganz erklären: *„Ein ganz ungewöhnlich brennendes Verlangen hatte mich gepackt, Paulus im Römerbrief zu verstehen; [...] Gottes Gerechtigkeit wird darin offenbart. (1 Röm 17) Denn ich hasste diese Vokabel ‚Gerechtigkeit Gottes', die ich durch die übliche Verwendung bei* *allen Lehrern gelehrt war, philosophisch zu verstehen von der sogenannten formalen oder aktiven Gerechtigkeit, mittels derer Gott gerecht ist und die Sünder und Ungerechten straft.“*[86]

Diesen „gerechten“ Gott „hasste“ er also geradezu – bis zu seinem sogenannten „Turmerlebnis“, elegant formuliert; denn nach Luthers eigenen Worten habe ihm die Lösung zu seinem Problem der Heilige Geist *„auf dieser cloaca*[87] *auff dem thorm“* eingegeben.[88] Laut Hans Schilling muss das nach 1517, also nach dem heute als Reformationstag gefeierten Thesenanschlag gegen den Ablasshandel vom 31. Oktober 1517, gewesen sein.

Luthers innere Auseinandersetzungen handelten vom Gottesbild. Sein Ringen im Gewissen ging über Jahre. Auch der Biograph Christian Feldmann nennt Luthers geistigen Weg „eine stufenweise bessere Durchdringung“.[89] In dieser Periode waren seine wichtigsten Grundlagen die Bibel, die Interpretation des Römerbriefs durch Augustinus sowie die Schriften der Mystiker. „Auf diese Weise ließ er sich emotional durch den Text bewegen und erfuhr das aus der Verbindung von philologischer Wissenschaft und meditierendem Einfühlen gewonnene Textverständnis als Erleuchtung und Offenbarung.“[90]

„Bis ich, dank Gottes Erbarmen, unablässig Tag und Nacht darüber nachdenkend, auf den Zusammenhang der Worte aufmerksam wurde, nämlich: ‚Gottes Gerechtigkeit wird darin offenbar, wie geschrieben steht: Der Gerechte lebt aus dem Glauben.‘ [...] Da hatte ich das Empfinden, ich sei geradezu von neuem geboren und durch geöffnete Tore in das Paradies selbst eingetreten.“[91]

Eine neue Sichtweise des Römerbriefs, nach langer Zeit endlich in einem Augenblick der Inspiration 1518 im Turm des Wittenberger Klosters gewonnen, veränderte Luthers Denken, sein Leben und die Geistesgeschichte. Die 95 Thesen, die er am 31. Oktober 1517 an der Wittenberger Schlosskirche angenagelt haben soll[92], waren im Vergleich zu seinem oben beschriebenen „inneren Weg" nur ein äußerlicher Disputationsbeitrag. Vom selben Tag datiert sein Brief an den Kardinal Albrecht von Mainz über den Ablass, der alle seine Thesen im Kern zusammenfasst: *„So bedaure ich, dass die unglücklichen Menschen glauben, sie seien durch den Kauf der Ablass-Briefe ihres Heiles gewiß."*[93]

Stattdessen wurde ihm klar, dass der Mensch schon durch den Glauben gerechtfertigt und die Gnade ein Geschenk sei, das Gott durch den Kreuzestod seines Sohnes habe machen können. Leistungen oder Werke seien hierfür nicht nötig, wenn auch von Gott gewollt.

Dieses Gedankens, der eigentlich schon immer christliche Grundüberzeugung darstellte, hatte sich Luther in einem besonderen Augenblick vergewissert und zuwiderlaufende Zeittendenzen danach unaufhörlich angeprangert. Und viele Menschen, auch Landesherren, folgten seiner Meinung, die nun in der Welt war und nicht mehr ausgemerzt werden konnte. Vielleicht zeigte sich hier schon der „Strukturwandel der Öffentlichkeit"[94], durch den die „öffentliche Meinung" erstmals zum eigentlichen Machtfaktor wurde? Jedenfalls löste die Anbringung bzw. Versendung der Thesen etwas aus, womit Martin Luther nicht gerechnet hatte: *„Das hieß den Himmel herabstürzen und die Welt in Brand stecken."*[95] Die Reformation brach an; denn die römische Kirche wollte sich das Geld aus dem Ablasshandel einfach nicht entgehen lassen, und der Kaiser wollte die Auflehnung nicht dulden.

Der entscheidende Augenblick für Luther persönlich war das „Turmerlebnis" – für Historiker war es dagegen das Anbringen und Versenden der 95 Thesen gegen den Ablass. Freilich wirkte beides zur weiteren Ausbreitung der Reformation zusammen: Nur durch die Kraft, die er aus der Inspiration gewonnen hatte, konnte Luther sich in der „brennenden Welt" aufrechterhalten und zu seiner Überzeugung stehen.

Er konnte so den Ketzerprozess, der 1518 gegen ihn eröffnet wurde, durchhalten, ja ignorieren und später verlachen; er konnte im Verhör vom 12. bis 14. Oktober 1518 in Augsburg vor Kardinal Thomas Cajetan (1469–1534) ohne Zugeständnisse bei seiner Meinung bleiben; er konnte 1520 die Androhung der päpstlichen Bannbulle, die 1521 in Kraft trat, öffentlich verbrennen und am 17. und 18. April 1521 auf dem Reichstag zu Worms vor Kaiser Karl V. (1500–1558) persönlich einen Widerruf verweigern.

Luther hatte einfach keine Angst mehr, weder vor Hans Luder, seinem Vater, noch vor dem Kaiser, dem Papst oder irgendeinem anderen Menschen; denn der Einzige, vor dem er einst glaubte, Angst haben zu müssen, der gerechte Gott, hatte ihm und allen Menschen ja die Gnade der Rechtfertigung im Glauben geschenkt. Was galt ihm da das „Wormser Edikt" des Kaisers, nach dem über einen Dr. Martin Luther die Reichsacht verhängt worden war? Genauso viel wie eine verbrannte Bannandrohungsbulle.

Sein Landesherr, der mächtige Kurfürst Friedrich der Weise (1463–1525), war nach dem Wormser Reichstag nicht der Meinung des Kaisers und versteckte seinen Untertan bis zum März 1522 auf der Wartburg, wo er das Neue Testament ins Deutsche übersetzte. Damit reformierte Luther nicht nur das Christentum, sondern schuf gleichsam die deutsche Sprache neu und gab dem Volk erst ein Bewusstsein von Zusammengehörigkeit; denn die Übersetzung gelang so farbig und ausdrucksstark, dass Luthers Sprachgestaltung in jedem der damals bestehenden Dialekte als zusätzliche Ebene des geistigen und religiösen Austauschs herangezogen wurde. Eine große Zahl seiner Formulierungen ist bis heute sprichwörtlich geblieben.

Luther hatte es sich nicht leicht gemacht. Wenn seine Theologie teilweise noch vorwissenschaftlich-thesenhaft blieb, seine Methodik inspirativ und vom Stil der damals üblichen „Disputationen“ geprägt war, aber kaum hinterfragt wurde, so zeigt seine Arbeit an der Heiligen Schrift bereits Ansätze moderner Text- und Methodenkritik, wie sie im 19. und 20. Jahrhundert entwickelt wurden. Er ging 1530, erst im Nachhinein und etwas polemisch, doch auf Kritiker seiner Übersetzung ein: *„Und wenn ich sie hätte fragen sollen, wie man die ersten zwei Worte Matth. I, 1 ‚Liber generationis' hätte verdeutschen sollen, so hätte ihrer keiner gewusst Gack dazu zu sagen, und sie kritisieren mir nun das ganze Werk, die feinen Gesellen.“*[96] Später tauschte er sich beim Übersetzen des Alten Testaments (erschienen 1534) detailliert über einzelne Übersetzungsmöglichkeiten aus.

In den folgenden Jahren widmete sich Luther in Wittenberg dem bereits beschriebenen Liedgut, dem Gemeindeleben und – seit seiner Heirat[97] 1525, im Jahr des Bauernkriegs – seiner Familie. Im Jahr davor, am 9. Oktober 1524, hatte er erstmals ohne Mönchskutte gepredigt.

Die Lehre von den zwei Reichen

Wiederum wie Augustinus[98] wandte sich Luthers Interesse in einer späteren Lebensphase aus äußerem Anlass dem Staatswesen zu. Bei Augustinus war es der Fall des Römischen Imperiums, bei Luther der Bauernkrieg, welcher ein Gedankengebäude anregte, das unter dem Namen „Zwei-Reiche-Lehre“ in die Geistesgeschichte einging.[99] In seiner Schrift *„Von weltlicher Obrigkeit, wie weit man ihr Gehorsam schuldig sei“* aus dem Jahr 1523 nannte Luther zwei *„Regimente“*, von welchen die Macht ausginge: *„Deshalb muss man diese beiden Regimente mit Fleiß voneinander scheiden und* *beides bleiben lassen: eines, das fromm macht, das andere, das äußerlich Frieden schaffe und bösen Werken wehret. Keines ist ohne das andere genug in der Welt. Denn ohne Christi geistliches Regiment kann niemand vor Gott fromm werden durchs weltliche Regiment. [...] Wo nun weltlich Regiment oder Gesetz allein regiert, da muss eitel Heuchelei sein, wenns auch gleich Gottes Gebote selbst wären.*"[100]

„Jeder Christ lebt gleichzeitig in zwei Welten, deren Herrschern er gehorsam sein muss. Das eine Reich wird von Gott mit der Heiligen Schrift regiert, das andere vom König oder Fürsten mit dem Schwert."[101] Luther legte Wert auf diese Unterscheidung, bei allen Zusammenhängen, die er zwischen diesen „Reichen" anerkannte, und bewirkte damit das moderne Rechtsempfinden, nach dem sich weder Kirche noch Staat in die Dinge des jeweils anderen einzumischen haben. Dieses staatsrechtliche Gedankengebäude scheint im 21. Jahrhundert durchaus noch tragfähig.

Das unkritische „Obrigkeitsdenken" mit seinen fatalen Höhepunkten im 20. Jahrhundert muss freilich als ideologische Fehlentwicklung gelten, die man, wie so manches andere, nicht vorschnell Martin Luther zuschreiben sollte, der das Leben und die Ordnung in seinen Gemeinden feinsinnig gestaltet hat. Auch die unmenschliche Unterdrückung zahlloser Kinder in evangelischen (und katholischen[102]) Pfarrhäusern, wie sie der preisgekrönte Spielfilm „Das weiße Band" eindringlich vor Augen führt[103], kann nicht auf jenen Mann zurückgeführt werden, der nach seinem Tod ehrliche Trauer auslöste. Es „verbreitete sich bei der Nachricht von Luthers Tod sogleich eine tiefe Trauer und Niedergeschlagenheit, zunächst im Mansfeldischen und in Kursachsen, dann in Mitteldeutschland und im Reich insgesamt, schließlich auch darüber hinaus in der protestantischen Welt".[104]

Lebensdaten

1483 oder 1484	10. November: Geburt Martin Luthers (eigentlich Luder, die Schreibweise Luther legte er erst ab 1517 fest)
1484–97	Schulbesuch in Mansfeld
1497–1501	Domschulen in Magdeburg und Eisenach
1505	Beginn des Jura-Studiums in Erfurt, nach wenigen Wochen, am 2. Juli: Gewitter-Erlebnis und Gelöbnis, Mönch zu werden; 17. Juli: Eintritt ins Kloster der Augustiner-Eremiten in Erfurt
1507–09	Priesterweihe, Theologiestudium, dann Lehrtätigkeit in Erfurt und Wittenberg; erste Schriften in Form von Randbemerkungen, u.a. zu Augustinus
1510/11	Reise nach Rom
1512	Doktor der Theologie, Professur in Wittenberg, städtischer Prediger, stellvertretender Klosteroberer
1515–18	Distriktsvikar, Aufsicht über elf Klöster
1517	95 Thesen gegen den Ablass-Missbrauch
1518	Disputation in Heidelberg; römischer Ketzerprozess gegen Luther; Verhör durch Kardinal Thomas Cajetan in Augsburg
1519	Disputation mit Johannes Eck
1520	Päpstliche Bannandrohung; mehrere Schriften entstehen; Luther verbrennt die päpstliche Bannandrohungsbulle
1521	Bann tritt in Kraft; 17./18. April: Verweigerung des Widerrufs (Reichstag in Worms); vorgetäuschte Entführung auf die Wartburg, dort Übersetzung des Neuen Testaments ins Deutsche; 8. Mai: Reichsacht gegen Luther und seine Anhänger

	durch Kaiser Karl V., „Wormser Edikt“
1522	Wittenberg, Predigten gegen radikale Reformatoren
1523	Gottesdienstordnungen, Lieder
1524	Ablegen der Mönchskutte
1525	Heirat, Bauernkrieg
1530	„Confessio Augustana“ Melanchthons erscheint als ein Versuch der Versöhnung; Tod des Vaters
1531	Schmalkaldischer Bund: Protestanten bilden ein Schutzbündnis gegenüber dem Kaiser
1534	Erste Gesamtausgabe der deutschen Bibel in Luthers Übersetzung
1545–63	Konzil von Trient; Beginn der Gegenreformation der kath. Kirche
1546	18. Februar: Tod Luthers in Eisleben, Beisetzung in der Wittenberger Schlosskirche
1555	Augsburger Religionsfrieden: Über die Konfession der Untertanen entscheidet der Landesherr

„Wir wollen uns einmal nie trennen“

Die Brüder Jacob (1785–1863) und Wilhelm (1786–1859) Grimm

„Ich denke, wenn wir auf diese Art fortfahren (denn dass es auf einen Plan ankommt, ist gewiss wahr und Savigny hat es schon längst gesagt), so werden wir einmal hübsche Werke sammeln, es versteht sich, dass wir in Zukunft etwas mehr dranwenden können und immer zusammen vereinigt – denn, lieber Wilhelm, wir wollen uns einmal nie trennen, und gesetzt, man wollte einen anderswohin tun, so müsste der andere gleich aufsagen. Wir sind nun diese Gemeinschaft so gewohnt, dass mich schon das Vereinzeln zu Tode betrüben könnte.“[105]

Als Jacob diese Zeilen aus Paris an seinen Bruder Wilhelm schrieb, ahnte er nicht, dass er damit ein Epoche machendes Programm entwerfen würde: Er nannte nicht nur die erwünschte Lebens- und Forschergemeinschaft für sie beide, sondern eröffnete auch eines der bedeutendsten Kapitel der Kulturgeschichte. Aus dem Sammeln „hübscher Werke“ wurde schon sieben Jahre später die erste Ausgabe der „Kinder- und Hausmärchen“, erstmals erschienen zu Weihnachten 1812, die in ihrer Wirkung bis zum heutigen Tag kaum überschätzt werden kann.

Im Jahr 1805 forschte Jacob mehrere Monate in Paris und empfand die Trennung vom Bruder Wilhelm als überaus schmerzlich. Und diesem ging es genauso. Schon am 2. Februar 1805 schrieb er an Jacob in die französische Hauptstadt: *„Von den ersten Tagen weiß ich dir nichts zu sagen, als dass ich sehr traurig war, und* *noch jetzt bin ich wehmütig und möchte weinen, wenn ich daran denke, dass du fort bist. Wie du weggingst, da glaubte ich, es würde mir das Herz zerreißen, ich konnte es nicht ausstehen, gewiss du weißt nicht, wie lieb ich dich habe. Wenn ich abends allein war, meinte ich, müsstest du aus jeder Ecke hervorkommen.*"[106]

Es war also, als müsste ein „Band von seinem Herzen" brechen[107] – Wilhelm verwendete schon dieselbe Sprache, die wenig später in der Märchensammlung wiederkehrt und die als der berühmte „Märchenton"[108] der Brüder Grimm bezeichnet wurde.

Aber warum hatten sie sich damals überhaupt getrennt? Ein wichtiger Grund war, dass sie 1805 in ihrer Arbeit noch nicht selbstsicher genug waren, um unausgesetzt zusammen zu sein und unter sich zu arbeiten; sie lernten noch von Vorbildern, wie dem erwähnten Carl von Savigny (1779–1861), der die Historische Rechtsschule begründete und auch den Grimms zeigte, wie man mit Überlieferungen umgeht. Carl von Savigny wiederum stand in Beziehung mit vielen literarischen Geistern seiner Zeit, mit Karoline von Günderrode, die sich in ihn verliebt hatte, mit Wilhelm von Humboldt und vor allem Clemens Brentano, dessen älteste Schwester er heiratete. 1805 nun bat er Jacob, ihm in Paris bei seinen Quellen-Forschungen behilflich zu sein. Dieser mehrmonatige Aufenthalt schulte die Arbeitsweise Jacob Grimms und führte ihn ein in den Lebensstil des geisteswissenschaftlichen Forschers, den er von da an nicht mehr aufgeben sollte.

Lebensweg der Unzertrennlichen

Geboren wurden beide Brüder im hessischen Hanau, Jacob 1785, Wilhelm 1786. In den folgenden Jahren kamen noch drei weitere Brüder und die Schwester Charlotte zur Welt. Einer der Brüder war Ludwig Emil Grimm (1790–1863), der als Zeichner und Illustrator berühmt werden sollte. In Steinau, wohin der Vater im Laufe seiner Karriere versetzt worden war – der Ort liegt zwischen Hanau und Fulda –, verbrachte die Familie ab 1791 ein paar glückliche Jahre. Die Mauer um das stattliche Anwesen mit Brunnen und Gärten sowie die Tatsache, dass noch 1790 im nahen Frankfurt ein Kaiser gewählt wurde, mögen als Sinnbilder für den gerade noch bestehenden Ordnungsrahmen des Alten Reiches gelten. Könige und Kaiser waren überhaupt zu Lebzeiten der Brüder Grimm in Deutschland nichts Märchenhaftes, sondern reale Mächte.

Diese traute Geborgenheit, in der den Kindern gewiss auch Märchen erzählt wurden, blieb nicht lange bestehen. Es begann die lange Reihe der Widerstände gegen das ruhige Zusammensein der Brüder; denn der Vater erkrankte schwer und starb 1796, womit der „soziale Abstieg der Familie"[109] begann.

Jacob und Wilhelm wurden 1798 aufs Gymnasium nach Kassel geschickt, denn es sollte möglichst bald etwas aus ihnen werden, damit sie die Familie materiell unterstützen, ja vielleicht sogar ernähren könnten. Sie lernten auch viel und schnell, sodass sie vorzeitig auf die Universität Marburg überwechseln konnten, wo sie mit dem Jura-Studium begannen. Jenseits dieser Fortschritte türmten sich die Widerstände in Form von schweren Krankheiten wie Kopfschmerz, Sehschwäche und Blattern (bei Jacob) bzw. Scharlach und Asthma (bei Wilhelm) auf. Außerdem fühlten sie sich überarbeitet: *„Im Ganzen hatte man uns doch zu viel aufgelastet"*, schrieb Jacob später in seiner „Selbstbiographie".[110]

In derselben Zeit, wenn nicht schon früher, entdeckten sie ihre Sammelleidenschaft und gaben sich ihr hin, obwohl das Arbeitspensum im schulischen Bereich sehr hoch war. Zuerst richtete sich diese Leidenschaft auf naturwissenschaftliche, speziell botanische Gegenstände, machte aber alsbald einer „Versessenheit auf Bücher" Platz[111] und die Literatur rückte in den Vordergrund. Mit Vorliebe schrieben sie Texte aus alten Handschriften ab – etwas, das sie ihr ganzes Leben lang, meist in ruhiger Gemeinschaft, tun sollten; denn die Sammlungen der Brüder Grimm, auch die berühmte Märchensammlung, ist hauptsächlich aus der Arbeit mit Büchern entstanden und nicht durch das Herumwandern im Land und dem Zuhören bei den sprichwörtlichen „Großmütterchen".

Die Familie im 19. Jahrhundert

Spätestens nachdem 1808 die Brüder durch den Tod der Mutter Vollwaisen wurden und 1815 auch ihre Tante Henriette Zimmer starb, waren die jungen Erwachsenen völlig auf sich allein gestellt. Kein seltener Moment zu Beginn des 19. Jahrhunderts. Volker Ladenthin, ein Erziehungswissenschaftler, schreibt über die damaligen Umstände Heranwachsender: „Die Kinder aus jeder dritten Ehe mussten sich früher oder später also mit dem Problem der teilweisen Verwaisung auseinandersetzen. Heute dagegen leben 84 Prozent der Kinder bis zu ihrer Volljährigkeit bei den Eltern, also viel länger als vor 200 Jahren. [...] Auch die märchenerzählende Großmutter war für die meisten Wohnstuben eine Rarität und deshalb ein verklärender Wunschtraum ebenso wie ein Generationentreff an hohen Feiertagen wie dem Heiligen Abend, wenn man bedenkt, dass zwischen 1816 und 1871 nur sieben Prozent der Menschen über 61 Jahre alt wurden."[112]

Dieser „verklärende Wunschtraum" wurde allerdings von den Märchenbüchern, welche die Brüder Grimm herausgaben, maßgeblich geprägt. Sie bestimmen damit bis heute das Bewusstsein vieler Menschen in aller Welt.

Ihr großer Einfluss auf unser heutiges Denken ist wohl durch das Schicksal der Brüder überhaupt erst möglich geworden: Sie wurden Vollwaisen und mussten als solche hart geistig arbeiten. Entgegen all dieser Widerstände blieb der eine Wunschtraum:

„[...] wir wollen uns einmal nie trennen [...]“.

Auf diese Weise ist den Brüdern Grimm etwas gelungen, was nur selten geistig tätigen Menschen gelingt: Sie konnten sowohl die mentalen als auch die emotionalen Dimensionen ihrer Persönlichkeiten in ihrem Leben verwirklichen. Sie stellten sich emotional aufeinander ein und gaben sich gleichzeitig der wissenschaftlichen Forschung und der literarisch-künstlerischen Kreativität hin.

Die Entdeckung „altdeutscher Denkmäler“

Ein erster Schicksalsmoment im Leben Jacobs – und dann auch Wilhelms – war die Begegnung mit Carl von Savigny. Jacob suchte ihn 1803 persönlich auf, um ihm eine juristische Hausarbeit abzugeben. Dabei entdeckte er in dessen Wohnung eine „Sammlung von Minneliedern aus dem schwäbischen Zeitpunkte“, herausgegeben von Jakob Bodmer, im mittelhochdeutschen Wortlaut. Alsbald fassten die Brüder den Entschluss, „altdeutsche Denkmäler“, also hauptsächlich Gedichte und andere Kleinformen, zu sammeln, um eines Tages eine Geschichte der Poesie des deutschen Volkes erstellen zu können.

Obwohl sie dieses Buch nie zustande brachten, rangen sie den Widerständen, die sich ihnen im Laufe ihres Lebens entgegenstellten, eine ganze Reihe großer Werke ab. Freilich hatten sie sich zuerst um ihren beruflichen Aufstieg und ihre Lebenssicherung zu kümmern.

Jacob erhielt 1806 eine Anstellung beim Kasseler Kriegskollegium als Verwaltungsbeamter. Eigentlich wollte er sich aber ganz dem Studium der Geschichte der Literatur widmen. 1808, im Jahr des Todes der Mutter, wurde er endlich Bibliothekar in der Privatbibliothek des westfälischen Königs Jérôme.

Leider lebten die Brüder dann wieder ein paar Monate getrennt, denn Wilhelm musste zu einem Kuraufenthalt nach Halle. Von dort reiste er weiter nach Berlin, mit seinen großen Vorbildern Achim von Arnim und Clemens Brentano, und er traf hier sogar erstmals auf Goethe.

Schließlich fanden die Brüder wieder zusammen; ihre ersehnten „Drei Einheiten", wie man es ausdrücken könnte – Zusammensein, Forschen und ruhige Abgeschiedenheit –, konnten wenigstens zeitweise verwirklicht werden. 1811 erschienen erste Bücher, „Über den altdeutschen Meistergesang" (Jacob) und „Altdänische Heldenlieder" (Wilhelm). Und als Höhepunkt 1812 zu Weihnachten der erste Band der „Kinder- und Hausmärchen".

Jacob war eine Persönlichkeit, die vor allem zwei Dimensionen in sich vereinigte: die politische und die literarische. Er reiste nach Erscheinen der Märchen wieder viel in Staatsangelegenheiten, 1814 nach Paris und – bis 1815 – zum Wiener Kongress. Dabei war er nicht nur von Berufs wegen in diesen Umbruchszeiten am Gemeinwesen und an Politik interessiert; er war insofern nie der „abgeschiedene Märchensammler", wie man vielleicht denken könnte. Wer sich heute darauf verlegen wollte, Kunst oder Wissenschaft von der Politik und der Auseinandersetzung mit dem Zeitgeschehen zu trennen, der kann sich jedenfalls nicht auf einen der bedeutendsten deutschen Geistesmenschen, nämlich Jacob Grimm, berufen. Dieser war genau das, was man einen Intellektuellen nennen könnte, ein Wissenschaftler und Künstler zugleich, der sich darüber hinaus um das Gemeinwesen bemüht, sich zu politischen Themen Gedanken macht, öffentlich Stellung bezieht, zeitweise Staatsämter bekleidet und sich aktiv für seine

Positionen einsetzt. Und das alles, obwohl er am liebsten mit seinem Bruder Wilhelm in Ruhe forschen wollte.

Diese Haltung gab es häufig zu dieser Zeit, in einer Kernphase des deutschen Idealismus, zwischen Klassik und Romantik. Auch Wilhelm von Humboldt war Diplomat und Minister, zog sich aber, wenn er hier nicht mehr gebraucht wurde, sofort und gern auf sein Gut zurück und betrieb seine Sprachforschungen. Ähnlich kennt man es von Goethe, dem Geheimen Rat, Dichter, Forscher und Kulturkritiker, von E.T.A. Hoffmann, der ebenfalls Jurist, Musiker, bildender Künstler und Dichter war, oder von Georg Büchner, dem Arzt, Schriftsteller und politischen Agitator.

Am Leben Wilhelm Grimms hatten politische Auseinandersetzungen weniger Anteil. Er fühlte sich am wohlsten, wenn er Handschriften erforschen und mit seinem Bruder zum Beispiel die Zeitschrift „Altdeutsche Wälder" (1813 bis 1816) herausgeben konnte, in der sie unter anderem Sagen, Märchen und Lieder abdruckten. 1814 wurde Wilhelm Bibliothekssekretär in Kassel, eine einigermaßen sichere Existenz, die ihm 1825 die Heirat mit Dorothea Wild erlaubte. Nun wuchs die Grimm-Familie wieder, und Jacob gehörte selbstverständlich dazu. 1830 zogen sie alle nach Göttingen um, wo sie Bibliothekare wurden, Jacob zusätzlich Professor, was Wilhelm bald darauf auch gelang.

Politische Krisen und große Werke

1837 kam die Politik dazwischen: Beide Brüder gehörten zu den „Göttinger Sieben", einer Gruppe von Professoren, die gegen die Aufhebung der Verfassung Protest einlegten und daraufhin entlassen wurden. Wilhelm ging 1838 zurück nach Kassel. Doch 1840 kam für beide die ganz große, erlösende Wende, die wiederum einem Schicksalsmoment glich: Sie wurden an die Akademie der Wissenschaften nach Berlin berufen, wohin sie 1841 übersiedelten und den Rest ihres Lebens als Professoren an der Universität und als Forscher arbeiten konnten. Das Paradies des ruhigen Zusammenseins hatte sich erfüllt.

Aus den vielen Werken, die nun entstanden, sei nur der Beginn des Deutschen Wörterbuchs erwähnt, das sie bis zum Buchstaben „f" – sie schrieben alle Wörter klein – selbst vollendeten und damit den vorbildlichen Grundstein für zwei Jahrhunderte germanistischer Sprachforschung legten; denn viele Stichworte wurden nicht nur erklärt, sondern erhielten Belege aus der Literatur oder Hinweise auf die Sprachentwicklung. Der erste Band erschien 1854.

Als man im Jahr der revolutionären Umtriebe 1848 glaubwürdige und angesehene Volksvertreter benötigte, griff man auf Jacob Grimm zurück und wählte ihn als ein gelehrtes Mitglied für die Nationalversammlung in der Frankfurter Paulskirche. Er erhielt den besten Platz, nämlich den direkt vor der Rednertribüne, obwohl er keiner Partei angehörte. In seinen Reden betonte er stets den Freiheitsbegriff.

Am 16. Dezember 1859, kurz nach der Heirat seines Sohnes Herman mit Gisela von Arnim, starb Wilhelm Grimm. Dazu erzählte Jacob: *„Wie freute ich mich innig im Tiergarten auf meinen Bruder, wenn er plötzlich von der andern Seite herkam, zu stoßen, nickend und schweigend gingen wir nebeneinander vorüber, das kann nun nicht mehr geschehen."*[113] Die Brüder waren in der letzten Zeit vermehrt eigene Wege gegangen.

Jacob führte nun noch einige Jahre das gemeinsam begonnene Deutsche Wörterbuch fort, es erschienen noch zwei weitere Bände. Am 20. September 1863 starb auch er.

Fast unerwähnt blieben bisher die Kriege und gewaltsamen Auseinandersetzungen zu Lebzeiten der Brüder, die Französische Revolution von 1789, das Vordringen der Franzosen ins Deutsche Reich oder die Völkerschlacht bei Leipzig; zudem endete das Alte Reich mit dem Kaiser an der Spitze, das seit dem 10. Jahrhundert Bestand gehabt hatte und die Säkularisation stellte eine Zäsur dar für das Christentum als verbindlichen geistigen Rahmen im Abendland. Eine Zersplitterung des weltlichen und geistigen Rahmens, wie er bisher gegolten hatte, setzte ein, vieles ließ sich nicht mehr einordnen und verstehen. Die „Kinder- und Hausmärchen“, die Sagen und die anderen „Altertümer“, von Jacob und Wilhelm Grimm formuliert und herausgegeben, waren geeignet, ein Urbild der gesamten Lebenswirklichkeit des Menschen zwischen Sieg und Niederlage, Grauen und Glück, Liebe und Tod so zu vermitteln, dass es auch von Kindern und in späteren Zeiten so verstanden werden kann, als sei es ein Teil der eigenen „Familienerfahrung“ im bürgerlichen „Haus“ gewesen.

Schon bald wurden die „Kinder- und Hausmärchen“ das weltweit am meisten verbreitete Buch in deutscher Sprache, 2005 hat die UNESCO die Handexemplare der Märchen aus dem Brüder-Grimm-Museum in Kassel in die Liste des Weltdokumentenerbes aufgenommen.

Lebensdaten

1785	4. Januar: Geburt von Jacob Grimm (JG) in Hanau
1786	24. Februar: Geburt von Wilhelm Grimm (WG)
1790	24. April: Geburt von Ludwig Emil Grimm
1791	Übersiedlung nach Steinau
1793	10. März: Geburt von Charlotte Grimm
1796	Tod des Vaters
1798	Beide Brüder besuchen das Gymnasium in Kassel
1802	JG Jura-Studium in Marburg (WG ebenfalls ab 1803)
1805	Ganze Familie in Kassel; JG mehrere Monate in Paris bei Savigny
1807	Erste Veröffentlichungen
1808	Tod der Mutter; JG Bibliothekar
1809	WG: Begegnungen mit Brentano, Arnim und Goethe
1812	Erster Band der „Kinder- und Hausmärchen"
1813	Die Brüder geben bis 1816 die Zeitschrift „Altdeutsche Wälder" heraus
1816	JG zweiter Bibliothekar in Kassel; JG und WG: „Deutsche Sagen", 2. Band 1818
1819	JG Ehrendoktor an der Universität Marburg, erster Band seiner Deutschen Grammatik" (Band 2–4: 1826–1837)
1825	WG heiratet Dorothea Wild
1828	JG: „Deutsche Rechtsaltertümer"; Ehrendoktorate der juristischen Fakultäten Berlin und Breslau
1830	JG und WG Umzug nach Göttingen, beide in Göttingen Bibliothekare, JG auch Professor, WG folgt 1831 (außerordentlicher Prof., 1835 ordentl. Prof.)

1837	Protest der „Göttinger Sieben“; JG Ausweisung aus dem Königreich Hannover; WG entlassen
1838	WG Rückkehr nach Kassel; Beginn der Vorbereitungen für das „Deutsche Wörterbuch“
1840–41	Berufung und Umsiedlung beider nach Berlin
1843–44	JG Reisen nach Italien und Skandinavien
1848	JG Mitglied der deutschen Nationalversammlung in der Frankfurter Paulskirche
1849	JG Beginn der Ausarbeitung des „Deutschen Wörterbuchs“ (WG ab 1854)
1859	Heirat des Sohnes Herman von WG mit Gisela von Arnim; 16. Dezember: Tod WG
1863	20. September: Tod JG

„Alles still hier“

Theodor Fontane (1819–1898)

„‚Erst die Fremde lehrt uns, was wir an der Heimat besitzen.‘ Das hab' ich an mir selber erfahren und die ersten Anregungen zu diesen ‚Wanderungen durch die Mark‘ sind mir auf Streifereien in der Fremde gekommen.“

So beginnt Theodor Fontanes Vorwort zu seinen „Wanderungen durch die Mark Brandenburg“, das er mit *„Berlin, im November 1861“* unterschrieb.[114] In dieser „Fremde“ war Fontane 1858 in Schottland unterwegs, im Land der Burgen, Schlösser und Seen, das ihn an die Heimat um Berlin, an Neuruppin – wo er selbst im Jahre 1819 geboren wurde – oder an Schloss Rheinsberg am See erinnerte. Mit diesem Buch begann nichts weniger als ein Stück Weltliteratur, das geradezu eine kulturgeschichtliche Epoche mit begründen half: das Zeitalter des deutschen Romans im 20. Jahrhundert, welches mit den Werken von Franz Kafka, Heinrich und Thomas Mann oder Stefan Zweig einen Höhenflug sondergleichen antreten sollte; denn Fontanes „Wanderungen“ sind durchaus nicht nur einfache „Wanderführer“ geworden. Es sind Sprachkunstwerke ersten Ranges, auf der Grundlage reicher Bildung und tiefsinniger geistiger Auseinandersetzung. Große Romane Fontanes, wie „Effi Briest“ oder „Der Stechlin“, atmen das konkrete und geistige Schweifen in der Landschaft, das in den „Wanderungen“ erzählt wird.

Diese Romane wiederum bilden mit ihrer feinsinnigen Psychologie, ihrer Weisheit und ihrer Kenntnis von Natur, Geschichte, Politik und Gesellschaft die Voraussetzung dafür, dass sich der deutsche Roman den epischen Werken Flauberts und Tolstois gleichrangig an die Seite stellen konnte.

Inspiration in Schottland

Und es gibt tatsächlich einen „Schicksalsmoment“, einen ganz bestimmten Augenblick, der Fontane zur Niederschrift seiner „Wanderungen“ inspirierte. Einen allerersten Entschluss dazu fasste er zwar schon 1856 in London, wo er im Tagebuch vermerkt: *„Wenn ich noch dazu komme, das Buch zu schreiben, so hab ich nicht umsonst gelebt und kann meine Gebeine ruhig schlafen legen.“*[115] Auch eine andere Überlegung vom 4. Juni 1857 zielte auf diesen Plan. Die eigentliche Inspiration, der dann die Entscheidung und langjährige Ausführung folgten, erhielt er aber erst ein Jahr später.

Der Dichter streifte, wie bereits erwähnt, 1858 durch die schottische Grafschaft Kinroß, als deren schönsten Punkt er den Leven-See („Loch Leven“) empfand. Im Boot wurde er mit einer Reisegruppe auf eine Insel mitten im See gerudert, auf der sich *„hinter Eschen und Schwarztannen halb versteckt“* das alte Douglas-Schloss erhob, *„das in Lied und Sage vielgenannte Lochleven-Castle“*, wie es Fontane in dem oben erwähnten Vorwort festhielt. Aber Lied und Sage bewegten die Gedanken des Reisenden nur nebenbei; Auslöser für sein späteres Opus war vielmehr die mit dem Schloss verbundene tragische Lebensgeschichte der französischen und schottischen Königin Maria Stuart (1542–1587), die Fontane als bezaubernde und verführerische Schönheit vor allem aus Walter Scotts (1771–1832) biographischem Roman[116] kannte.

Auf den Spuren ihrer Gefangenschaft und Flucht beschrieb Fontane meisterhaft – wir lesen weiterhin das Vorwort zu den „Wanderungen“ – das Schloss im Spannungsfeld zwischen Natur und großer Geschichte: *„Es sind nur Trümmer noch, die Kapelle liegt als ein Steinhaufen auf dem Schloßhof und statt der alten Einfassungsmauer zieht sich Weidengestrüpp um die Insel her; aber der Rundturm steht noch, in dem Queen Mary gefangen saß."* In kurzen Strichen skizziert der Dichter den Schauplatz für einen Schicksalsmoment Maria Stuarts, dieser Schlüsselgestalt europäischer Geschichte, Stoff für den Geschichtsschreiber Friedrich von Gentz (1764–1832; Maria Stuart 1799), Hauptfigur einer der bedeutendsten Tragödien der deutschen Klassik aus der Feder Friedrich Schillers (1801) und eines unvergessenen Romans von Stefan Zweig (1935).[117]

Letzterer schrieb über ihre Absetzung als Königin und ihre Gefangennahme im Jahre 1567: „Von diesem Tag der Schicksalswende, diesem 17. Juni, da die Lords ihre Königin in Lochleven hinter Schloss und Riegel setzten, wird Maria Stuart nie mehr aufhören, ein Gegenstand europäischer Unruhe zu bleiben [...] In ihrem Schicksal entscheidet sich nicht nur ein einzelner Konflikt, sondern ein geistiges, ein weltanschauliches Prinzip."[118] Er meinte das Prinzip der absolutistischen Herrschaft „von Gottes Gnaden", außerhalb jedes bürgerlichen Rechts, dem England gerade im elisabethanischen Zeitalter so nahe war wie zu keiner anderen Zeit.[119] Zwang gegen einen Herrscher zu üben hätte bedeutet, „das hierarchische Gefüge des Kosmos zerbrechen", so Stefan Zweig.

Leider hatte sich die Königin Maria Stuart selbst in diese nahezu ausweglose Situation hineinmanövriert. Sie gab nie ihren Anspruch auf den englischen Königsthron auf, sodass Königin Elisabeth I. (1533–1603) von England – gerade auf dem Höhepunkt ihrer Macht – ihre Gegnerin wurde. Außerdem schrieb man ihr die Mitschuld an der Ermordung ihres zweiten Mannes zu. Das bewegte sogar die einflussreiche Katharina von Medici

(1519–1589) ihre einstige Schwiegertochter als „dishonoured", also ehrlos, herunterzustufen. Sodann verstärkte die so Geschmähte noch die öffentliche Ablehnung, weil sie den mutmaßlichen Mörder, Lord Bothwell, heiratete. Daraufhin wurde sie von den Adligen Schottlands auf Schloss Lochleven gefangen gesetzt, doch trotz ihrer Flucht nach England ein Jahr später entkam sie letztlich nicht ihrer Hinrichtung im Jahre 1587, geduldet von Königin Elisabeth. Zurück blieb bei den führenden Monarchen jedoch die zerstörte Vorstellung von der Unantastbarkeit der Krone.

Fontane bezog sich bei seinen historischen Reminiszenzen auf den von ihm bewunderten Sir Walter Scott und jenen Reiseführer, der sein Boot zum Schloss im Loch Leven hinüberruderte. Von diesen wurden der Gefängnisaufenthalt und die Flucht der Königin mit romantischer Dramatik geschildert. Eine jugendliche, weibliche Schönheit, rechtmäßig oder unrechtmäßig gefangen in einem Turm – solcher Stoff reizt die Dichter seit jeher; man denke nur an die Gretchentragödie in Goethes „Faust" oder die Geschichten von den hingerichteten Frauen König Heinrichs VIII. von England im Tower von London.

Die romantische Legende will wissen, dass ein verliebter junger Adliger, Willy Douglas, aus der Familie der Schlossherren von Lochleven Castle, der gefangenen und verführerischen Königin Mary verfallen gewesen sei und sie der Wacht der alten Lady Douglas mit List entziehen wollte.

„[...] die Pforte ist noch sichtbar, durch die Willy Douglas die Königin in das rettende Boot führte, und das Fenster wird noch gezeigt, über dessen Brüstung hinweg die alte Lady Douglas sich beugte, um mit weit vorgehaltener Fackel dem nachsetzenden Boote den Weg und womöglich die Spur der Flüchtigen zu zeigen." [120]

Reisen im 19. Jahrhundert

Wie kam der nüchterne Preuße Theodor Fontane, der auch, wie man noch sehen wird, recht trocken erzählen konnte, zu dieser fast romantischen Schilderung? Die Frage lässt sich klären, wenn man seine „Wanderungen durch England und Schottland“[121] verfolgt, insbesondere seine Niederschrift der Reise nach Schottland aus dem Jahre 1858. Hier erfährt man, dass es *„seit vielen Jahren“* sein Wunsch gewesen sei, das Lochleven Castle zu sehen. Kritisch merkt er an, dass es die Reise-Unternehmer – damals auch „Entrepreneurs“ genannt – leider gewohnt gewesen seien, von ihrer Seite aus *„das Schönste und Sehenswerteste festzusetzen“* und die entsprechende Infrastruktur für die Besichtigung zu schaffen. Und der Reisende überlasse sich bedauerlicherweise nur allzu gern *„wie ein Gepäckstück diesen Entrepreneurs und bringt sich dadurch um den vielleicht höchsten Reiz des Reisens, um den Reiz, das Besondere, das Verborgene, das Unalltägliche gesehen zu haben“*. Und dann fällt der entscheidende Satz: *„Eine kleine Schönheit, die wir für uns selber haben, ist uns lieber wie die große und allgemeine.“*

Die „kleine Schönheit“ wird verinnerlicht, man bewahrt sie für sich selbst, trägt sie bei sich und erlaubt es sich, sie mit seinen ganz persönlichen Gefühlen, Gedanken und Erinnerungen anzureichern und zu verbinden.

Theodor Fontane schilderte: *„Wer kennt nicht die Stimmung, die uns beschleicht, wenn wir zur Sommerszeit am Abhange eines Waldes ausruhen, hinausblicken auf die sonnenbeschienene Wiese, hinaufblicken in den Himmel, daran dünne Wolken ziehen, und aus dem Wald und Feld her rätselhafte Laute vernehmen, als spräche die Natur? Ein Träumen kommt über uns; wir denken nichts Bestimmtes, wir fühlen nichts Bestimmtes, aber die süße Gewohnheit des Daseins zieht wie mit doppelter Süße durch unser Herz. Diese Stimmung war es, die mich den*

Tag über begleitete; die Klänge eines alten Liedes schmeichelten sich in mein Ohr."[122]

Erinnerungen traten hinzu: „*... bis plötzlich unsere Phantasie weiter in ihre Erinnerungen zurückgriff und ältere Bilder vor die Bilder dieser Stunde schob. Es waren Erinnerungen aus der Heimat, ein unvergessener Tag.*"[123] Es waren die plötzlichen Bilder von Schloss Rheinsberg und der Zeit Friedrichs des Großen aus der heimatlichen Mark Brandenburg, die dem Dichter in den Sinn kamen. „*So war das Bild des Rheinsberger Schlosses, das, wie eine Fata Morgana, über den Leven-See hinzog, und ehe noch unser Boot auf den Sand des Ufers lief, trat die Frage an mich heran: so schön dies Bild war, das der Leven-See mit seiner Insel und seinem Douglas-Schloss vor dir entrollte, war jener Tag minder schön, als du im Flachboot über den Rheinsberger See fuhrst, die Schöpfungen und Erinnerungen einer großen Zeit um dich her?*" Die Idee für die literarische Erkundung des heimatlichen Umfeldes war geboren.

Lebensweg Fontanes

Nicht einmal 30 Kilometer südlich von Rheinsberg, in Neuruppin nämlich, hatte Fontane ab 1819 seine allerersten Jugendjahre verbracht und das Gymnasium besucht. Freilich sah es zuerst nicht danach aus, dass er sich einst für die Landschaft „um sich her" und die große Geschichte, die damit verbunden war, interessieren sollte. 1833 trat er in eine Gewerbeschule in Berlin ein, um drei Jahre später im Sinne seines Vaters eine vierjährige Apotheker-Ausbildung zu absolvieren. Dem folgten Apothekeranstellungen in Burg bei Magdeburg, in Leipzig, Dresden und Berlin.

Wenn man vom Dichter Fontane spricht, denken viele an den „alten Fontane", als habe er erst im Alter mit dem Schreiben begonnen – ein Mythos, wie man sehen wird. Dieser Mythos hat wohl zwei Ursachen. Zum einen traten seine ganz großen Romane, die ihn unsterblich machten, tatsächlich erst am Ende seines Lebens an die Öffentlichkeit: „Effi Briest" erschien 1895, drei Jahre vor seinem Tod, und „Der Stechlin" sogar erst einen Monat nach seinem Tod, im Oktober 1898.

Außerdem wirkten gerade seine „Wanderungen durch die Mark Brandenburg", von denen der erste Teil 1861 herauskam, so „altersweise", so souverän erzählt und so sehr angefüllt mit solidem historischem Wissen, dass man glauben konnte, es mit einem älteren und erfahrenen Dichter zu tun zu haben.

Schon 1839 hatte er eine erste Novelle veröffentlicht, dann immer wieder Gedichte und Artikel, bis er sich 1849 für ein Leben als freier Schriftsteller entschied. Ein Jahr später heiratete er. Obwohl er „freier Schriftsteller" war, hatte er doch meist eine Anstellung, die ihm lange Reisen ermöglichte, insbesondere die nach England (ab 1852) und Schottland (1858) oder zu den verschiedensten Kriegsschauplätzen, über die er jeweils Bücher schrieb (Schleswig-Holstein, 1864; Böhmen 1866; Frankreich 1870–71).

Bedeutendere dichterische und erzählerische Werke wie „Grete Minde" (1880), „Unterm Birnbaum" (1885), „Irrungen, Wirrungen" (1888), „Stine" (1890), „Unwiederbringlich" (1891) oder „Frau Jenny Treibel" (1892) folgten freilich erst in späterer Zeit.

Einen weiteren Schicksalsmoment der Weltgeschichte – neben demjenigen der Maria Stuart und vielen anderen – erfasste Fontane in einem Erzählgedicht, in seiner wohl berühmtesten Ballade: „Die Brück' am Tay" (erschienen 1880). Hier gestaltete er das Ereignis vom Einsturz der großen Eisenbahnbrücke über den Tay in Schottland am 28. Dezember 1879 zu einer Kritik an der

Technikgläubigkeit des modernen Menschen. *„Tand, Tand / Ist das Gebilde von Menschenhand"*, ließ er nämlich die Hexen aus „Macbeth" dazu sagen. In Schulbüchern wird neben der Ballade häufig das Gemälde „Great Western Railway"[124] von William Turner abgedruckt, das als Vision der Katastrophe am Tay und der tiefen Deutung Fontane empfunden werden kann. Shakespeare – Turner – Fontane: Welches Schicksal mag dieses Zusammenwirken über die Zeiten hinweg herbeigeführt haben?

Ein ähnlich bemerkenswertes Zusammenwirken hat Fontane in seinem letzten Roman, im „Stechlin", erzählt[125], der ganz aus den Impressionen von den „Wanderungen durch die Mark Brandenburg" schöpft. Zwischen meist flachen Ufern liege er da, schrieb er über den Stechlin-See, *„kein Kahn zieht seine Furchen, kein Vogel singt, und nur selten, dass ein Habicht drüber hinfliegt und seinen Schatten auf die Spiegelfläche wirft."* Und dann fasste er die Szene mit dürren Worten, preußisch-trocken, ohne vollständigen Satzbau, genial zusammen: *„Alles still hier."*

Aber von Zeit zu Zeit werde es *„an eben dieser Stelle lebendig"*. Denn *„wenn's aber draussen was Grosses gibt, wie vor hundert Jahren in Lissabon*[126]*, dann brodelt's hier nicht bloss und sprudelt und strudelt, dann steigt statt des Wasserstrahls ein roter Hahn auf und kräht laut in die Lande hinein"*.

Als Theodor Fontane 1898 starb, war es vielleicht einen Augenblick still im brodelnden und strudelnden Berlin vor der Jahrhundertwende, das sich in den „Irrungen und Wirrungen" zwischen dem Alten und dem Neuen kaum zurechtfand. Da passten die Worte gut für den „alten Fontane", die er dem Pastor im Ort Stechlin als Grabrede auf den verstorbenen Dubslav von Stechlin in den Mund gelegt hatte: Dieser sei kein Alter, freilich auch kein Neuer gewesen. *„Er hatte vielmehr das, was über alles Zeitliche hinaus liegt, was immer gilt und immer gelten wird: ein Herz."*[127]

Lebensdaten

1819	24. März: Heirat der Eltern; 30. Dezember: Geburt Theodor Fontanes in Neuruppin
1827	Umzug der Familie nach Swinemünde
1832	Gymnasium Neuruppin
1833	Besuch einer Gewerbeschule in Berlin
1836	Apothekerlehre
1839	Novelle „Geschwisterliebe“ erscheint
1840–43	Apothekergehilfe, Gedichtveröffentlichungen, literarische Arbeiten
1844	Militärjahr, erste England-Reise
1845	Verlobung mit Emilie Rouanet-Kummer
1847	Approbation als Apotheker; Trennung der Eltern
1848	Teilnahme an Barrikadenkämpfen; Aufsätze veröffentlicht; im Krankenhaus Bethanien angestellt
1849	Ende der Arbeit in Bethanien; Beginn der Arbeit als freier Schriftsteller; ein Jahr Korrespondent der „Dresdner Zeitung“; es folgen ständige literarische Arbeiten und Veröffentlichungen
1850	Eheschließung mit Emilie Rouanet-Kummer
1851	Geburt des Sohnes George Emile
1852	Mehrere Monate Korrespondent in London
1855–59	in London und 1858 in Schottland; dann Beginn der „Wanderungen durch die Mark Brandenburg“
1860	Redakteur bei der „Kreuzzeitung“; Geburt der Tochter Martha
1861	Balladen

1862–82	Vier Bände der „Wanderungen durch die Mark Brandenburg“ erscheinen
1864	Geburt des Sohnes Friedrich; Reisen (Schleswig-Holstein, Dänemark)
1865	Reise an den Rhein und in die Schweiz
1866	Besuch böhmischer und süddeutscher Kriegsschauplätze
1867	Tod des Vaters
1869	Tod der Mutter
1870	Bei der „Vossischen Zeitung“ als Theaterkritiker; Reise zum französischen Kriegsschauplatz, kurzzeitige Festnahme
1871	Reise nach Frankreich
1872	Wohnung in der Potsdamer Straße bis zum Tod
1874	Italienreise mit Emilie
1875	Reisen in die Schweiz und nach Oberitalien
1876	Zeitweise Ständiger Sekretär der Akademie der Künste in Berlin
1878–97	Entstehen und Erscheinen bedeutender Werke, vor allem Romane, unter anderen „Effi Briest“ (1895) und „Der Stechlin“ (1898)
1898	20. September: Tod Fontanes in Berlin

Poetische Naturbilder im politischen Widerstand

Sophie Scholl (1921–1943)

„Auf meinem Nachttisch stehen zwei Rosen. An die Stiele und das Blatt, die ins Wasser hängen, haben sich winzige Perlen gereiht. Wie schön und rein dies aussieht, welch kühlen Gleichmut es ausstrahlt. Dass es dieses gibt. Dass der Wald so einfach weiterwächst, das Korn und die Blumen, dass Wasserstoff und Sauerstoff sich zusammengetan haben zu solch wunderbaren lauwarmen Sommerregentropfen. Manchmal kommt mir dies mit solcher Macht zu Bewusstsein, dass ich ganz voll davon bin und keinen Platz mehr habe auch nur für einen einzigen Gedanken."[128]

Sie nimmt sich Zeit. Sie sieht eine Kleinigkeit, will diese nicht übersehen. Die Autorin dieser Briefzeilen, Sophie Scholl – 1942/43 Widerstandskämpferin gegen die Nazis als Mitglied der „Weißen Rose" –, staunt und lässt sich von winzigen Lichtfunken, gebrochen in Sommerregentropfen, geradezu erleuchten. Von einer solchen Beobachtung in der Natur kann anscheinend das Denken, Fühlen und Handeln der gesamten Persönlichkeit in einem einzigen Augenblick durchdrungen werden, um dann auf das ganze weitere Leben Einfluss zu nehmen.

Ein Augenblick der Inspiration mag einem Menschen geschenkt werden, doch er setzt bewusste Wahrnehmung voraus, gepaart mit einer Haltung der Offenheit, Konzentration und Ernsthaftigkeit. Sophie Scholl übte es immer wieder, sich der bemerkenswerten Konstellation eines Augenblicks zu öffnen, sich auf sein Erscheinen einzulassen und alles ernst zu nehmen, als geistigen Hintergrund ihres fragenden Gewissens. Und sie ließ es zu, dass ihr diese Phänomene in häufig wiederkehrenden Momenten ins Bewusstsein traten. *„Wer hätte es für möglich gehalten, dass einen so ein winziges Blümchen so erfüllen kann“*[129], schrieb sie 1940 in einem Brief an ihren Verlobten.

Politische Erziehung

Vielleicht haben ihr Elternhaus und ihre ersten Jahre in einem Landstädtchen, das sehr naturnah dalag, diese Lebens- und Reflexionsweise geprägt. Ihr Vater Robert (geb. 1891) war eine angesehene Persönlichkeit, zuerst Bürgermeister in Ingersheim und dann in Forchtenberg am Kocher, wo Sophie am 9. Mai 1921 geboren wurde. Erst 1930 zog die Familie mit der Mutter Magdalene (geb. 1881) und den Geschwistern Inge (geb. 1917), Hans (geb. 1918), Elisabeth (geb. 1920) und Werner (geb. 1922) nach Ludwigsburg und 1932 nach Ulm, wo Robert Scholl in einer Wirtschaftsberatungs- und Steuerkanzlei arbeitete.

Am Familientisch wurde viel politisch diskutiert, wobei der Vater den Aufstieg Hitlers, der 1933 Reichskanzler wurde, wahrscheinlich wegen dessen Engstirnigkeit, nicht befürwortete. Sophie musste in dieser Bürgermeister-Familie der 1920er-Jahre, die noch eine Demokratie kannte, sehr bald ein Gefühl von Mitverantwortung für das Gemeinwesen entwickelt haben. Das vermittelte ihr aber nicht den Eindruck, etwas Besonderes zu sein; im Gegenteil: Zeitlebens empfand sie die Verantwortung in ihrem Innersten eher als Belastung, *„sodass ich mir nichts anderes wünsche als Nichtsein, oder als nur eine Ackerkrume zu sein, oder ein Stücklein einer Baumrinde“*.[130] Das schrieb sie an ihren Verlobten Fritz Hartnagel, der auf seine Art nach Verantwortung suchte:

Er hatte eine Ausbildung zum Offizier begonnen und war bis zum Ende des Zweiten Weltkriegs in diesem Rang tätig. Seine Verlobte sah das immer wieder kritisch.

Ein Jahr später schrieb sie an Lisa Remppis, mit der die Geschwister Hans und Sophie Scholl befreundet waren: *„Mir will es oft gehen wie Dir, wenn ich draußen bin zwischen Bäumen und Wiesen. Ich möchte nur so eben sein, ohne Verantwortung. (Früher war mir sogar eine Pflanze zuviel, ich wäre manchmal zu gern nur ein Stück Baumrinde gewesen, komischer Einfall, aber er beherrschte mich jahrelang.)"*[131]

Zwei Jahre danach wiederholte sie dieses Motiv der Belastung durch Verantwortung in einem Brief an dieselbe Freundin: *„Früher habe ich mir manchmal gewünscht, dies kommt mir, weil Du von den unschuldigen leidenden Bäumen sprichst, auch nur so ein Baum sein zu dürfen, oder besser bloß ein Stück Rinde von so einem Baum."*[132] Offensichtlich ein Motiv, das ihr Leben prägte.

Zu dieser Zeit war Sophie schon an den Widerstandsaktionen, dem Verteilen von Flugblättern, beteiligt. „Man kann sich mit dem Nationalsozialismus nicht geistig auseinandersetzen, weil er ungeistig ist"[133], lautet der erste Satz des zweiten Flugblatts der „Weißen Rose", verfasst vor allem von Hans Scholl und seinen studentischen Freunden. Das wurde von den herrschenden Nazis als massive und unerträgliche Provokation empfunden, gegen die man mit massiver Verfolgung vorgehen müsse.

Gleichsam zur Erholung ging Sophie Scholl nach wie vor in die Natur und ließ sich von ihren Beobachtungen inspirieren. Sie berauschte sich jedoch keineswegs an den Impressionen, von denen sie überströmt wurde. Die Studentin der Biologie und der Philosophie suchte keinen Schwebezustand, sondern die geistige Auseinandersetzung, die weltbezogene Vernunft, und wendete alles in ein geschultes und gebildetes Nachdenken hinein, sei es theologisch, literarisch oder politisch.

So schrieb sie in einem nicht adressierten Briefblatt, das ihre Familie aufbewahrt hat: *„Gestern Abend, oder schon nach Mitternacht, als ich mit jemand durch den englischen Garten hinging (wir hatten in einem kleinen Kreis den seidenen Schuh von Paul Claudel gelesen), ging mir auf einmal auf, dass die Natur vielleicht vom Tode erlöst werden müsste.“*[134]

Um nicht eingebildet zu werden, schützte sie sich mit Selbstkritik vor möglichem Übermut. *„So am hellen Mittag im Schnee, da kann einen so ein ausgelassener Übermut packen, dass man tobt und Blödsinn treibt wie im Backfischalter.“*[135]

Der Druck der eigenen Verantwortung

Bei aller Bereitschaft zum Staunen und zur Naturinspiration spiegelte Sophies Denken die im Hintergrund ständig ablaufende geistige Auseinandersetzung mit der Zeit des Zweiten Weltkriegs. Sie bildete sich ihre ganz eigene Meinung zu politischen und gesellschaftlichen Fragen und bemühte sich sehr, dass sie von allen damaligen ideologischen Einflüssen frei blieb. So schrieb sie an Fritz Hartnagel: *„Manchmal graut mir vor dem Krieg, und alle Hoffnung will mir vergehen. Ich mag gar nicht dran denken, aber es gibt ja bald nichts anderes mehr als Politik, und solange sie so verworren ist und böse, ist es feige, sich von ihr abzuwenden. Wahrscheinlich lächelst Du und denkst, sie ist ein Mädchen. Aber ich glaube, ich wäre sehr viel froher, wenn ich nicht immer unter dem Druck stünde – ich könnte mit viel besserem Gewissen anderem nachgehen. So aber kommt alles andere erst in zweiter Linie. Man hat uns eben politisch erzogen.“*[136] Die politische Erziehung im Elternhaus hatte sie geprägt. Sie dachte aber nicht nur politisch, sondern fühlte sich eben auch persönlich verantwortlich.

Doch sie blieb bekanntlich nicht beim Verantwortungsgefühl stehen, sondern es drängte sie zu handeln, zum aktiven Widerstand. Sie verteilte Flugblätter gegen die menschenverachtende Nazi-Ideologie, zusammen mit den anderen Mitgliedern der Widerstandsgruppe, die sinnigerweise den Tarnnamen „Weiße Rose“ trug. Hans Scholl gab später in Gestapo-Verhören an, den Namen willkürlich gewählt zu haben, vielleicht wollte er aber nur Freunde schützen, die ebenfalls begeisterte Leser des gleichnamigen Romans von B. Traven aus dem Jahr 1929 waren. Neben Hans und Sophie Scholl gehörten Christoph Probst, Willi Graf, Alexander Schmorell und Kurt Huber zum Kern der Widerstandsgruppe. Allerdings wurden die Flugblätter – oft auf Gefahr für Leib und Leben im Terrorstaat der Nazis – nicht nur in München verteilt, sondern auch in andere Städte gebracht, zum Beispiel nach Ulm oder auch Hamburg.

In manchen Nächten ging Hans Scholl mit Alexander Schmorell und Willi Graf auch noch in die Münchner Innenstadt und schrieb, wie um das Schicksal herauszufordern: „Hitler, Massenmörder“ an Hauswände. Das erregte Aufsehen bis in die Berliner Regierungszentrale, die Gestapo verstärkte ihre Kontrollstreifen. Oppositionelle Schmieraktionen und Flugblätter können in einem totalitären System nicht geduldet werden. Sämtliche Behörden, insbesondere auch die Universität München, wurden zu besonderer Aufmerksamkeit ermahnt. Trotzdem gelang es der „Weißen Rose“, insgesamt sechs Flugblätter in Umlauf zu bringen.

Schon unter dem Eindruck der Gefahr und mitten in den Widerstandsaktionen schrieb Sophie Scholl zu Hause in ihr Tagebuch: *„Wie schön der Himmel heute war, die unschuldigen Bäume und Pflanzen, wie wunderbar und schön. Und doch macht mich ihr Anblick nicht freudig, er erfüllt mich mit einer sanften Traurigkeit. Ein unschuldiges Hineingezogenwerden in eine Schuld, in meine Schuld.“*[137] Es ist schon bemerkenswert, dass hier eine junge Frau von Schuld spricht, die unter Einsatz ihres Lebens die ganz große Schuld ihrer Zeit abzuwenden versuchte – und gleichsam auf sich nimmt, was später die meisten Zeitgenossen von sich weisen werden.

Am 18. Februar 1943 allerdings entdeckte der Hausmeister der Münchener Universität die Geschwister Scholl beim Auswerfen des sechsten Flugblatts im Lichthof des Universitätsgebäudes (am heutigen Geschwister-Scholl-Platz) und nahm sie gefangen. Sie kamen ins Gefängnis der Gestapo-Zentrale im Wittelsbacher Palais, wo man sie permanent verhörte. Alle Widerstandsaktionen traten ans Tageslicht, und bereits nach fünf Tagen fand der Prozess statt, besonders um die beunruhigte Studentenschaft nicht in Aufruhr zu versetzen. Roland Freisler, Präsident des sogenannten Volksgerichtshofs, kam eigens aus Berlin, um die Delinquenten niederzubrüllen. Aber sie ließen sich nicht einschüchtern. Sophie Scholl soll gesagt haben: „Unsere Köpfe rollen heute, aber Ihre rollen auch noch."[138]

Tatsächlich starben die Geschwister Scholl noch am selben Tag unterm Fallbeil, und mit ihnen Christoph Probst, Vater dreier Kinder. Auch Mitkämpfer in anderen Städten wurden entdeckt und zum Tode verurteilt. Der enge Freund Willi Graf folgte ihnen am 12. Oktober 1943 in den Tod.

Im Urteil der Geschichte

Viele heutige Menschen sehen sich gern als „normale" Mitbürger, vor allem gegenüber „denen da oben", und tun sich schwer mit jeglicher Art von „Heldentum". Doch für die meisten Historiker haben die Menschen, die Widerstand gegen Hitler leisteten, eine kaum zu überschätzende Bedeutung. So schrieb Golo Mann 1958: „Hätte es aber im deutschen Widerstand nur sie gegeben, die Geschwister Scholl und ihre Freunde, so hätten sie alleine genügt, um etwas von der Ehre des Menschen zu retten, welcher die deutsche Sprache spricht."[139] Und Heinrich August Winkler schreibt im zweiten Band seiner „Geschichte des Westens" über den Kreis um Stauffenberg, was auch für die „Weiße Rose" zutrifft: „Vor dem Richterstuhl Freislers *stand* ein anderes Deutschland. Seine besten Vertreter handelten aus einer Tradition heraus, die christlich oder humanistisch, kantianisch oder preußisch geprägt war. Diese Tradition kannte einen Befehlshaber oberhalb des Staates und des Mannes an seiner Spitze: das eigene Gewissen."[140] Und dann heißt es über den Widerstandskämpfer Georg Elser und speziell die „Weiße Rose": „Wären sie und andere nicht gegen Hitler aufgestanden, die Deutschen hätten nach dem Ende der nationalsozialistischen Herrschaft wenig gehabt, woran sie sich beim Rückblick auf die Jahre 1933 bis 1945 aufrichten konnten."[141]

Lebensdaten

1921	9. Mai: Geburt Sophie Scholls in Forchtenberg am Kocher
1930	Umzug nach Ludwigsburg
1932	Umzug nach Ulm
1940	Abitur, danach Ausbildung zur Kindergärtnerin
1941	Kindergärtnerinnen-Prüfung; dann Arbeitsdienst, danach Kriegshilfsdienst in einem Kindergarten
1942	Studium der Biologie und Philosophie in München; Teilnahme an den Flugblattaktionen; August/September: Kriegshilfsdienst in einem Ulmer Rüstungsbetrieb, dann gemeinsame Wohnung mit Hans Scholl in Schwabing
1943	Januar: Sonderkommission der Gestapo gegen die „Weiße Rose“; 18. Februar: Festnahme der Geschwister Scholl; 22. Februar: Todesurteil und Vollstreckung

Nicht jeder wird vom Mönchsbrot satt

Henri Nouwen (1932–1996)

„Vielleicht hielt mich mein Geschreibe über das Gebet ab von einem Leben, das wirklich vom Gebet erfüllt war."[142]

Der niederländische Theologe und Psychologe Henri Nouwen hat es sich in seinem Leben nie leicht gemacht. Da gab es nicht nur das bewusste Hinterfragen seines eigenen christlich geprägten Engagements und seiner Berufung als katholischer Priester, begeisternder Dozent und spiritueller Autor, sondern auch die Zweifel und Selbstzweifel, die vielfach im Fragen nach einem oft so fernen und schweigenden Gott entstanden. Er suchte gleichermaßen in den Menschen wie in Gott die Nähe, die Liebe, das Geliebtwerden und eine Heimat. So gut er sich in Menschen hineinversetzen konnte und so achtsam er mit ihnen umging, so wenig achtete er oft auf seine eigenen psychischen und physischen Kräfte. Ein langjähriger Freund beschrieb Henri als ungeduldig, zuweilen getrieben und ständig unterwegs seiend.[143]

Berufung und Sehnsucht

„Seit meinem sechsten Lebensjahr habe ich den Wunsch verspürt, Priester zu werden, ein Wunsch, der bei mir niemals ins Wanken geraten ist, abgesehen von den kurzen Augenblicken, in denen ich allzu sehr von der Uniform eines Seekapitäns beeindruckt gewesen war"[144], berichtet Henri Nouwen in seinem Tagebuch „Ich hörte auf die Stille". Be-

trachtet man seine Biographie, lässt sich sehr wohl erkennen, dass er seine Berufung überzeugend gelebt hat. Und dennoch sah er sich immer wieder mit seiner Verwundbarkeit, seiner Begrenztheit, seiner Einsamkeit und der Angst vor dem Verlassenwerden konfrontiert. Offen und selbstkritisch bekannte er, dass er etwas „Besonderes" sagen, schreiben oder tun wollte, *„auf das man aufmerksam werden und über das man sprechen sollte"*[145]. Doch wenn er sich nicht vollends angenommen, ja geliebt fühlte – letztlich auch von Gott –, überfiel ihn der Schmerz des Abgelehntsein und der Wertlosigkeit. *„Selbst an ziemlich belanglose Erlebnisse stelle ich den Anspruch auf diese volle, allumfassende Erfüllung, und schon ein winziges Erlebnis der Ablehnung stößt mich leicht in eine verheerende Verzweiflung und in den Wahn, total zu versagen."*[146]

Die Folgen seiner Unrast und seiner Sehnsucht blieben nicht aus. Vielfach hatte er mit seelischen Krisen zu kämpfen, die zudem mit körperlicher Erschöpfung und Depression einhergingen. Doch seine Auszeiten und geistigen Rekreationen führten dann meist wieder zu einer Flut neuer Buch-Ideen und zur vertrauten Arbeitswut. Ohne das Schreiben konnte er nicht sein. Freimütig gesteht er in seiner Schrift „Suche nach dem Einklang", dass hilfreiche Ratschläge von den um ihn besorgten Menschen oftmals die Bemerkung enthielten: *„Ich wünschte, Du könntest Dich so erleben, wie ich Dich erlebe. Dann wärest Du nicht so deprimiert."*[147] Angemerkt sei, dass er trotz seiner starken Sehnsucht nach Zuneigung und Nähe sein zölibatäres Leben nie in Frage stellte.

Dozent und Autor

Henri Nouwen hatte nach seiner Priesterweihe im Jahr 1957 einen wissenschaftlichen Weg beschritten, wobei es sein Ziel war, die praktische Seelsorge mit der Psychologie und einer tiefen

Spiritualität zu verbinden, welche die Gegenwart Gottes erfahrbar machen sollte. Das Studium der Psychologie absolvierte er in den Niederlanden, den Studiengang „Religion und Psychiatrie" in den USA. Ab dem Jahr 1966 war er als Universitätsdozent zunächst in den USA und danach erneut in den Niederlanden tätig. Anschließend ging er wieder nach Amerika, denn mit dem Jahr 1971 begann seine Karriere als Dozent und schließlich Professor an der renommierten Yale-Universität. Er hatte sich unter anderem auf die Pastoralpsychologie und die Mystik spezialisiert; und er hatte großen Erfolg mit seinen ersten Büchern, seinen Vorlesungen, seinen Seminaren oder seinen Vorträgen. Seine offene, mitreißende und gestenreiche Art des Sprechens sowie seine einfühlsamen und verständlich geschriebenen Texte begeisterten sein Publikum und brachten ihm internationale Anerkennung. Zudem erfüllte er seine priesterlichen Pflichten, leitete Therapien, begab sich auf Vortragsreisen, las und forschte unentwegt – und suchte die Nähe.

Was kam, war die bittere Erkenntnis, dass ihm das, worüber er immerfort schrieb und sprach, nämlich jener innere Frieden in der Gotteserfahrung und eine gelebte tragende Beziehung zu ihm nahestehenden Menschen, fehlte. *„Ich klagte zwar darüber, dass man so viele Forderungen an mich stellte, aber mir wurde unbehaglich zumute, wenn sie einmal ausblieben. Ich jammerte über die Last der Korrespondenz, aber ein leerer Briefkasten machte mich trübsinnig. Ich murrte über die ermüdenden Vortragsreisen, aber ich empfand tiefe Enttäuschung, wenn keine Einladungen kamen. Ich schwärmte voller Heimweh von einem leeren Schreibtisch und fürchtete zugleich den Tag, an dem mein Schreibtisch tatsächlich einmal leer sein würde. Kurz: ich war voll Sehnsucht nach dem Alleinsein und hatte zugleich doch Angst davor, allein gelassen zu werden."*[148]

Kloster auf Zeit

In der Nähe von New York hatte der Trappistenorden 1951 im Tal des Flusses Genesee ein Kloster gegründet. Die Trappisten sind im Frankreich des 17. Jahrhunderts als Reformzweig aus dem Zisterzienserorden hervorgegangen. Henri Nouwen hatte lange vor der Zusage des Abtes John Eudes Bamberger im Kloster angefragt, ob er nicht für etliche Monate wie ein Mönch in die marianische „Abtei Unserer Lieben Frau von Genesee" (kurz: Genesee Abbey) aufgenommen werden könne. Die Trappisten hatten sich Zeit für ihre Entscheidung gelassen, denn ein Außenstehender, der bald wieder gehen würde, war nicht leicht in die klösterliche Gemeinschaft zu integrieren; und bei Weitem nicht jeder hielt die Askese durch.

Für den berühmten Universitätsdozenten hieß das fortan Abgeschiedenheit, fast kein Kontakt nach draußen, strenges Schweigen innerhalb der Klausur, feste gemeinsame Gebetszeiten (Stundengebet), selbst in der Nacht, sowie körperliche Arbeit, die der für seine Unsportlichkeit bekannte Henri so nicht gewohnt war. Doch er hatte den Mut, sich darauf einzulassen, sich einzulassen auf die Stille in ihm, das eigene Gebet in der Klosterzelle und die unbegreifliche Leere, die Einsamkeit, in der vielleicht Gott zu finden ist. Einmal pro Woche konnte er ein Gespräch mit dem Abt führen, der zudem eine medizinische sowie eine Ausbildung als Psychiater hat.

Freilich, Henri Nouwen wollte auch im Kloster schreiben. Entstanden ist das schon erwähnte Tagebuch „Ich hörte auf die Stille", das die Zeit seines Aufenthalts von Juni bis Dezember 1974 umfasst und als Bestseller eines seiner bekanntesten Bücher werden sollte (die meisten Zitate in diesem Text stammen daraus). Es war nicht sein letztes Tagebuch. *„Nach einem Tag, an dem* *ich nichts geschrieben habe und der nur mit Lesen und Handarbeit ausgefüllt war, habe ich oft das Gefühl einer völligen geistigen Verstopfung und gehe dann mit dem Eindruck zu Bett, als hätte ich an diesem Tag nicht das getan, was ich hätte tun sollen.“*[149]

Das Kloster bestritt und bestreitet seinen Unterhalt hauptsächlich mit Rosinenbroten, die 1974 an drei Wochentagen in größerer Stückzahl gebacken und über einen Großhändler als originales „Mönchsbrot“[150] angeboten wurden. Henri ist immer wieder für die Arbeit in der Bäckerei eingeteilt. Oder er holt mit Bruder Brian Granitsteine aus dem Fluss, die beim Bau der Klosterkirche Verwendung finden. Als der Reiz des Neuen verflogen ist, spürt er die Eintönigkeit dieser Arbeiten, gar ihren „Stumpfsinn“[151], und erkennt dennoch langsam, dass die Arbeit zum Gebet werden kann und ihr gleichbleibender Rhythmus etwas Kontemplatives hat. *„Die Handarbeit reißt tatsächlich die Maske von meinen Illusionen. Sie zeigt, wie ich ständig Ausschau halte nach interessanten, aufregenden und ablenkenden Tätigkeiten, um meinen Geist ständig beschäftigt zu halten, damit ihm die Konfrontation mit meiner Nacktheit, Machtlosigkeit, Sterblichkeit und Schwäche erspart bleibt.“*[152]

Es war in Henri Nouwens Leben sicher nicht nur so, dass er permanent um die Liebe Jesu oder Gottes ringen musste. Sie wurde ihm sehr oft einfach zuteil. Jesus fühlte er sich innig verbunden, was etwa in der täglichen Eucharistiefeier erlebbar wurde. Der Gottessohn war sein Freund. Doch auch hierbei war Henri bisweilen unglücklich, wenn er spürte, dass er die Verbundenheit nicht immer intensiv genug aufrechtzuerhalten vermochte. – Und Gott, der ferne Gott, der ganz Andere? *„Gott ist nah, aber oft zu nah, als dass man ihn erfahren könnte. Gott ist mir näher, als ich mir selbst bin, und darum ist er kein Gegenstand für meine Gefühle oder Gedanken.“*[153]

Die Monate im Kloster haben für Henri Nouwen viele Momente der Inspiration bereitgehalten, seien es schmerzliche, seien es erkenntnisreiche oder seien es durch die Reflexion beim Schreiben erfahrene. Im Tagebucheintrag vom 21. August 1974 allerdings geht er ganz besonders auf einen solchen Moment ein. *„Gestern bin ich zufällig auf ein Buch gestoßen, bei dem ich den Eindruck hatte, Gott habe es mir auf den Weg gelegt, damit ich es aufhebe und lese. Das Buch heißt: ‚Eine Passion für die Wahrheit – A Passion for Truth'. Es ist das letzte Buch von Abraham Joschua Heschel, der es seinem Verleger einige Wochen vor seinem Tod übergeben hat."*[154] Heschel (1907–1972) war ein aus Warschau stammender jüdischer Gelehrter, der 1938 nach England und später in die USA hatte emigrieren können, wo er sodann als Professor unterrichtete.

In Abraham Joschua Heschels Buch erfährt Henri Nouwen etwas über das Aufbegehren gegenüber Gott, und zwar als eine Gebetshaltung, weil die Propheten im alten Israel eben nicht bereit waren, jede Härte auf Gottes Weg widerspruchslos hinzunehmen; denn vor Gott sollte der Mensch nicht kapitulieren.[155] *„Wenn ich mit Gott"*, schreibt Henri Nouwen, *„nur in der Form der Unterwürfigkeit in Beziehung sein kann, bin ich viel weiter von ihm entfernt, als wenn ich seine Entscheidungen in Frage stellen kann. Das Bemerkenswerteste daran ist, dass diese Vertrautheit mit Gott zu einem Empfinden führt, an das ich noch niemals gedacht habe, das aber sehr wichtig sein könnte: zum Mitleid mit Gott."*[156] Wie einsam muss Gott doch sein, wenn er alles Leiden der Erde wahrnimmt, dem er erlaubt, *„bis in seine göttliche Intimität einzudringen"*.[157]

Zum Ende seiner Zeit im Kloster der Trappisten werden Henris Tagebucheinträge gelassener und unbeschwerter. So steht zum Beispiel unter dem 10. Dezember: *„Stille, Ruhe, innere Ausgeglichenheit, friedvolle Freude, Güte: das sind die Empfindungen, die mein augenblickliches Leben beschreiben. Keine großen Gefühle der*

Feindseligkeit oder Enttäuschung, keine besonderen Ängste im Hinblick auf meinen Weggang von hier, keine Befürchtungen angesichts meiner Heimkehr.“[158] Und weiter: *„Es ist eine Zeit voller Gnade, und Gott ist spürbar nahe.“*[159]

Das Nachwort

Henri Nouwen hatte sich also – nach eigener Einschätzung – erkennbar verändert; und er wollte außerhalb des Klosters den vollzogenen Wandel nicht wieder preisgeben. Ein halbes Jahr später verfasst er jedoch noch ein Nachwort zu seinem Tagebuch, und er gesteht freimütig ein – was sehr sympathisch wirkt –, dass von den Erfolgen und Errungenschaften seines Klosteraufenthalts nichts von Bestand war. *„Wenn ich mir nach meinen sieben Monaten in der Abtei die Frage stellen würde: ‚Hat es geklappt, bin ich meine Probleme losgeworden?‘, hieße die schlichte Antwort: ‚Es hat nicht geklappt, meine Probleme sind dadurch nicht gelöst worden.‘ Und ich weiß, dass es auch in einem Jahr, zwei Jahren oder selbst einem ganzen Leben als Trappistenmönch nicht ‚geklappt‘ hätte. Denn Klöster baut man nicht, um darin Probleme zu lösen, sondern um Gott aus all seinen Problemen heraus zu loben.“*[160]

Der Theologe, Psychologe und Priester Henri Nouwen wird in späterer Zeit sein Leben noch viel radikaler verändern, weil er als Seelsorger die eingefahrenen Wege verlassen und für die da sein will, die unmittelbar der Hilfe bedürfen. Er stirbt im Jahr 1996.

Lebensdaten

1932	Geburt von Henri Jozef Machiel Nouwen im niederländischen Nijkerk
1950	Abitur
1951–57	Ausbildung am katholischen Priesterseminar in Rijsenburg (nahe Utrecht) als Student der Theologie und Philosophie
1957	Priesterweihe
1957–64	Studium der Psychologie in Nimwegen
1962	Teilnahme am II. Vatikanischen Konzil in Rom
1964–66	Pastoralpsychologisches Studium in den USA (an der Menninger-Klinik in Topeka/Kansas)
1966–68	Gastdozent für das Fach Psychologie an der Universität von Notre Dame (Indiana/USA)
1968–71	Rückkehr in die Niederlande; Dozent für Pastoralpsychologie und Spiritualität an der Universität Utrecht sowie Dozent am Pastoralinstitut in Amsterdam
1971–72	Theologische Promotion in Nimwegen
1971–81	Übersiedlung in die USA, um zunächst als Dozent und danach als Professor in den Fächern Pastoraltheologie und -psychologie, mit den Schwerpunkten Spiritualität und Mystik, an der Yale-Universität in New Haven (Connecticut) zu unterrichten
1974	Von Juni bis Dezember Aufenthalt in einem Trappistenkloster (Genesee Abbey) im Staate New York
1978	Tod der Mutter nach schwerem Todeskampf
1981–82	Verlassen der Yale-Universität und Reise nach Südamerika (Peru u. Bolivien)

1983–85 Professor der Harvard-Universität in Cambridge (Massachusetts/USA)

1983/84 Reisen nach Lateinamerika (Mexiko, Nicaragua, Honduras u. Guatemala)

1985–86 Verlassen der Harvard-Universität und Übersiedlung ins französische Trosly (nahe Paris), wo der kanadische Theologe Jean Vanier 1964 die erste Arche-Gemeinschaft gegründet hat, in der geistig behinderte Menschen mit nicht behinderten Menschen zusammenleben

1986–96 Übersiedlung ins kanadische Daybreak (nahe Toronto), um in der dortigen Arche-Gemeinschaft als Seelsorger zu wirken

1996 Tod im niederländischen Hilversum

„Ich sing für die Verrückten"

Hanns Dieter Hüsch (1925–2005)

„Ich hab ja mal gesacht/ Der Niederrheiner weiß nix/ Kann aber alles erklären/ Aber wenn der Niederrheiner dann mal ausnahmsweise/ Etwas weiß/ Dann weiß er dat aber auch ganz fest bis an sein/ Lebensende/ Bis in alle Ewigkeit/ Auch wenn et gar nich stimmt/ Un meistens stimmt et nich ..."[161]

Mag sein, dass ein solcher Ausspruch nicht gerade wie eine Lobeshymne klingt, und manche Niederrheiner mögen sich bisweilen über die pointierten Schilderungen der kleinbürgerlichen oder allzu bürgerlichen Wesensmerkmale geärgert haben, aber der Kabarettist Hanns Dieter Hüsch hat sich selbst in seinen Texten und Programmen niemals ausgenommen und sich im Grunde an die Seele des Niederrheins und seiner Bewohner herangetastet. *„Alles, was ich bin/ ist niederrheinisch/ All mein Fühlen und Denken/ Reden und Singen/ ist niederrheinisch/ Meine Musik ist niederrheinisch/ Der Niederrhein ist meine Musik/ All meine Religiosität/ ist niederrheinisch/ Aber wenn du mich fragst Warum/ könnt ich als schwarzweiße Kuh/ auf den Feldern um Kerken liegen/ und die Aussage verweigern."*[162] Diese Region hat wie die Seele etwas Unbestimmtes und Melancholisches, etwas, das nicht so einfach greifbar und begreifbar ist, *„denn am Niederrhein,/ da gibt es Stellen, wo man denkt,/ jetzt noch zehn Meter und du fällst ‚vonne Erd'"*[163].

Die Gegend, die Stadt und das schwarze Schaf

Weder historisch noch geographisch lässt sich diese Gegend haargenau definieren. Die Autoren von Reisebeschreibungen haben es nicht leicht, eine akkurate Abgrenzung zu finden, zumal das Konglomerat der Ruhrgebietsstädte an den Niederrhein heranreicht. Zuerst denkt man einfach an ein flaches Land mit Wiesen, Kühen – den *schwarzweißen* –, Weidenbäumen, Kirchturmspitzen und einem breiten Flussbett, das sich der Rhein vor Urzeiten gegraben haben mag. *„Die Schönheit des Niederrheins, mein ich immer, dat is sone Angelegenheit, so wie man sacht, Gott is die Frau schön. Das geht tiefer. Dat krisse fast gar nich raus, warum dat so is. Auf den ersten Blick schon gar nicht. Muss ja auch nich sein, sach ich immer, dat wär ja ne langweilige Schönheit.“*[164]

An große Städte, die einen echten Niederrheiner wie Hüsch eher ängstigen, denkt man dann an zweiter Stelle. Trotzdem liegt man nicht falsch, wenn man die Region bei Düsseldorf und Duisburg auf rechtsrheinischer Seite zu betreten beginnt und dem Fluss über Dinslaken, Wesel und Emmerich folgt. Auf der linksrheinischen Seite erstreckt sie sich westlich bis zur niederländischen Grenze, mit Mönchengladbach im Süden und Kleve im Norden.

Fast zentral ist Moers gelegen, die Stadt, in der Hanns Dieter Hüsch am 6. Mai 1925 geboren wurde und auch aufgewachsen ist. Vom alten Stadtkern aus hat man schon noch ein paar Meter bis zum Rhein, sodass nicht direkt Schwimmflossen angebracht scheinen, obwohl die Stadt in früheren Jahrhunderten unter den Rheinhochwassern zu leiden hatte. Immerhin, Hüsch aß Fisch, neben Suppen jeder Zubereitungsart, Reibekuchen, Schmierwurst, dicke Bohnen oder *„Kartoffelsalat mit Gurkensalat durcheinander“* für sein Leben gern. *„Also da könnt ich mich für umbringen* *für Fisch/ Egal ob Schellfisch oder wie die Knaben all heißen/ Is ganz egal da krich ich mich nich mehr ein".*[165] Im Jahr 1300 erhielt Moers das Stadtrecht und ist heute eine Großstadt mit gut 100.000 Einwohnern. Während Hanns Dieters Kindheit war Moers freilich noch überschaubarer, ja, in seinen Lebenserinnerungen „Du kommst auch drin vor" wirkt es so, als hätte damals jeder jeden gekannt, was natürlich allen zuzutrauen war.

Seine Leser begegnen in diesen Erinnerungen neben seiner Mutter Adele, einer Gastwirtstochter, und seinem Vater Heinrich, einem Verwaltungsbeamten, einer Vielzahl seiner Verwandten und anderer niederrheinischer Personen, deren jeweilige Lebensgeschichte nicht nur aufleuchtet, sondern durch Hüsch auch bewahrt wird. Die Geschichten und Redensarten „kleiner Leute" eben, die immer wieder zum Inhalt seiner Kabarett-Programme wurden und in denen sich das Publikum wiederfinden konnte. Ich möchte, sagt er, *„kein Pädagoge sein, ich will niemanden erziehen. Ich will nur, dass ich die Leute irgendwo bewege oder anrühre."*[166]

Schließlich hat jeder Mensch *„seine Geschichte,/ Du die Deine, ich die meine,/ wir die unsre, Ihr die Eure,/ mal die arme, mal die teure,/ tragische und lustige,/ leichte, schwere, böse, gute,/ gerechte, dass das Herz nicht blute,/ hohe, tiefe, Sein und Sinn,/ bei denen ich oft traurig bin,/ fröhliche und komische,/ denen wir so gerne lauschen [...]".*[167] Dass Hüsch dabei gelegentlich zum „Schwarzen Schaf vom Niederrhein" wird, wie er sich selbst bezeichnet, nimmt er billigend in Kauf. *„Eigentlich sollte man uns dankbar sein"*, schreibt sein rheinischer Schriftstellerkollege Heinrich Böll (1917-85) in einer Erzählung, *„denn eine Familie, die keine schwarzen Schafe hat, ist keine charakteristische Familie."*[168] Doch nach ihrem „Schwarzen Schaf" Hanns Dieter Hüsch hat die Stadt Moers längst einen Platz und eine Bibliothek benannt; und zu den Ehrenbürgern zählt er auch.

Verkehrte Füße, gute Ohren

Hüschs Kindheit war nicht unbeschwert, weshalb ihm gar nichts anderes übrig blieb, als sich dem Komischen und Hintergründigen im Leben zuzuwenden, also eine kabarettistische Laufbahn einzuschlagen. Bei seiner Geburt standen seine Füße *„180 Grad exakt nach hinten und in der Achse 90 Grad nach innen [...]“*[169]; kurz, er hatte *„Klumpfüße“*, wie er schreibt. Und das musste „korrigiert“ werden, was nicht nur mit vielen Schmerzen, Gehgips und Gipsschalen oder besonderen Filzschuhen verbunden war, sondern vor allem mit etlichen Operationen, die er erst im Alter von 14 Jahren endgültig hinter sich hatte. *„Und wenn ich sagte: Ich kann nicht mehr, dann sagten die Ärzte, wir auch nicht. So entstand dann sehr bald ein Witzeln und Frotzeln. Und oft erzählte ich den Ärzten einfach alles, was ich so wusste, einfach um anzugeben, einfach um die Schmerzen besser aushalten zu können [...] Und die Ärzte sagten dann immer: Mach weiter. Und so wurde ich regelrecht zum Conferencier auf dem Operationstisch [...]“.*[170] An großartige sportliche Betätigungen wie Schlittschuh- oder Rollschuhlaufen war gleich gar nicht zu denken, es sei denn, Hanns Dieter brachte andere zum Lachen: *„Ich habe keinen Fußball gespielt, wegen meiner Füße, aber im Tor hab ich gestanden, denn meine Freunde ließen mich immer mitspielen, weil sie mir nicht weh tun wollten und ich auch immer so viel Blödsinn machte, damit sie lachen konnten. Orthopädie und Entertainment.“*[171]

Das waren sicher eindringliche Erfahrungen. Außerdem las er viel; und er lernte sehr früh etwas Wichtiges, nämlich genau zuzuhören und alles im Gedächtnis zu behalten, etwa wenn sein Vater mit anderen Leuten sprach oder wenn die Verwandten zu Besuch kamen und sich um einen langen Tisch scharten, und der *„‚kleine Jung'“*, der *„mit den roten Haaren und den verkehrten Füßen“*[172], immer mittendrin, *„den Ton, das Tempo, die Färbung und* *die Pausen"*[173] wahrnehmend. Er lernte auch zu träumen und zu phantasieren und somit die Welt gleichsam von innen zu sehen. So wurde es zu einem Credo seiner Auftritte, sich auch um die Schüchternen zu kümmern und die Zu-kurz-Gekommenen oder den *„Respekt vor dem Unvollendeten zu üben [...]"*[174]. *„Ich sing für die Verrückten/ Die seitlich Umgeknickten/ Die eines Tags nach vorne fallen/ Und unbemerkt von allen/ Sich aus der Schöpfung schleichen/ Weil Trost und Kraft nicht reichen/ Und einfach die Geschichte überspringen/ Für diese Leute will ich singen."*[175]

Hanns Dieter Hüsch pflegte bei seinen Kabarettauftritten – und das waren landauf, landab bis zu 200 pro Jahr – einen minimalistischen Stil. Er kam in Alltagskleidung auf die Bühne, mochte allerdings keine Hemden mit kurzen Armen. *„Oder im Sommer/ Hosen mit kurzem Bein/ Hab ich kein Verhältnis zu/ Aber Linsensuppe wie gesacht/ können Se mir jeden/ Tach vorsetzen."*[176] Dann saß er hinter einer tragbaren elektronischen Orgel, die ab 1967 zu seinem Markenzeichen wurde, seinem Publikum gegenüber und las oder sang vom Blatt, indem er virtuos mit der Sprache umging, die Hochsprache mit seinen heimatlichen niederrheinischen Färbungen verbindend. *„Ich muss schon ein Assoziations-Embryo gewesen sein. Sprünge, Brechungen, Weithergeholtes und Naheliegendes, Banales und Transzendentes ständig zu mischen und wieder zu zerlegen, das war immer meine Vorliebe, meine Spezialität. Gassenhauer und Choral, Spottvers und Bibelstelle, Unterhaltung und Philosophie [...]"*.[177] *„Und wenn ich mich frage, woher wohl meine Vorliebe für bizarre Klänge, für Schichtungen von Wortkaskaden, für monomanische Wiederholungen, kommt, das muss damals an diesen langen Familientischen begonnen haben."*[178]

Tod und Leben

Einen zweiten schweren Schicksalsschlag hatte Hanns Dieter Hüsch ebenfalls als Kind zu verkraften. Im Jahr 1935 nämlich ist seine Mutter, die an Multipler Sklerose gelitten hat, verstorben (der Vater 1965). Er hatte ihren Leidensweg sehr deutlich mitbekommen und gespürt, wie ein kranker Mensch irgendwann nicht mehr will. *„Ich durfte meine Mutter in der Kapelle dann noch einmal sehen. Sie sah an vielen Stellen im Gesicht und an den Händen schon sehr violett aus, und es roch nach Tod und Verwesung, und ich wusste nicht genau, was es war, aber damals begann meine Vergänglichkeitsphilosophie in mir Fuß zu fassen [...].“*[179] Was half es da, dass er nach der Totenfeier von den Verwandten *„mit Streuselkuchen vollgestopft“*[180] wurde?

Es ist gut, *„sich frühzeitig mit dem Friedhof vertraut zu machen, damit man später nicht aus allen Wolken fällt. Sterben kann man zwar nicht üben, aber Beerdigungen schon“*[181], zumal im Tragischen gleich wieder das Tragikomische zum Vorschein kommt, wenn man etwa bedenkt, dass Hanns Dieters Lieblingsonkel Hein im Sarg verwechselt wurde. Von zwei geschlossenen Särgen hatten die Träger den falschen zu Grabe getragen. Glücklicherweise wollten die Angehörigen des anderen Toten den Verblichenen vor der Beisetzung ein letztes Mal sehen – und da lag dann Onkel Hein im Sarg.[182]

Die „verkehrten Füße“ haben Hanns Dieter Hüsch ja nicht nur zum Kabarett gebracht, sondern ihm auch das Leben gerettet. Das war 1943, also mitten im Zweiten Weltkrieg. Nach dem Abitur am Gymnasium in Moers wurde er nämlich seiner Füße wegen für nicht wehrtauglich befunden. Er hat zwar einige Bombenangriffe erleben müssen, konnte den Krieg aber körperlich unbeschadet überstehen. Ein 1944 in Gießen begonnenes Medizinstudium wurde mangels Interesse bald wieder aufgegeben. *„Ich hatte mich da wieder mal treiben und überreden lassen, anstatt zu sagen, nein, danke, ich weiß noch nicht, was ich studieren will [...].“*[183] Ein bisschen war jener Studienversuch wohl noch der Mutter geschuldet, die gewünscht hatte, dass aus ihrem „Sorgenkind“ mal ein Arzt oder etwas Ähnliches werde, also jedenfalls was Gescheites.

Bühne statt Studium

Mit dem Ende des Dritten Reichs und einer zeitweiligen Tätigkeit als Dolmetscher der britischen Besatzungsbehörde brach für Hanns Dieter Hüsch eine Zeit der geistigen, der politischen, der künstlerischen Freiheit an, die es wahrzunehmen galt. So konnte er sich 1946 an der Universität Mainz einschreiben, um fürs Lehramt Deutsch, Englisch und Französisch zu studieren, wie sein Vater glaubte. Stattdessen stand Hanns Dieter der Sinn nach einem Studium der Musik, der Literatur, der Kunstgeschichte oder der Theaterwissenschaft, was der Vater, als er's endlich erfuhr, nolens volens akzeptierte, zumal er selbst als ein „Musiknarr“ sehr fürs Musische zu haben war. Doch die Studienblasen platzten, weil der Sohn fast alle Vorlesungen sausen ließ und lieber auf dem Mäuerchen vor der Aula saß.[184]

Der Grund dafür war, dass Hanns Dieter Hüsch Musik zu machen und Texte zu schreiben begann. Er fand sofort sein Publikum und wurde so en passant ein richtiger Kabarettist, was ihm ja schon aus Kindestagen nicht ganz unbekannt war. Erst gab er sich als Künstler, dann mauserte er sich als solcher und hatte bereits ab 1948/49 professionelle Auftritte. *„Also, man kann gleich Kabarettist sein? Ja, sag ich, nicht gleich, erst muss man ja mal auf die Welt kommen und hören und gucken und Leute kennenlernen und Leute mögen und Leute nicht mögen, und dann kann man, wenn man will,* *gleich Kabarettist sein. Ach! Ja, sage ich, man kann natürlich vorher auch noch was anderes machen, aber man muss es nicht. Und wir dachten immer, Sie wären vorher noch in einem richtigen Beruf gewesen. Nein, sage ich, ich hab gleich den falschen Beruf ergriffen [...].*"[185]

Am Anfang war es ausgesprochen schwierig, finanziell über die Runden zu kommen, denn *„es hat ja nie einen Tag in meinem Leben gegeben, wo ich am ersten des Monats regelmäßig mein Gehalt bekam. Ich musste mir immer ausrechnen, was noch fehlte, und dann musste noch ein bisschen getingelt werden. Und das war oft ganz schön erniedrigend*"[186]; und besonders dann, wenn das Publikum einen albernen Spaßmacher erwartete und keinen etwas linkisch wirkenden jungen Mann, der ihm, im knallroten Pullover am Flügel hockend, mit Sprechgesängen zwei Stunden lang spöttisch das bürgerliche Leben vorhielt.[187] Frühzeitig bereits musste er sich mit der Erkenntnis auseinandersetzen, wie allein ein Künstler doch auf der Bühne ist.

Ehe, Nähmaschine und Karriere

Privat hingegen war Hüsch nicht mehr allein. Nach einer Kabarett-Aufführung am Fastnachtsdienstag des Jahres 1949 hatte ihn eine dunkelblonde Germanistikstudentin aus Essen namens Marianne bei der Damenwahl zum Tanzen aufgefordert, und das entgegen seiner eindringlichen Warnung, nicht tanzen zu können, was sie ob seiner Gesangs- und Klavierkünste nicht glauben wollte. Freilich, *„sie sah es auch schon bald, und wir gaben das Tanzen wirklich auf, aber sie ging nicht, sie blieb, und so war es immer, sie ging nicht, sie blieb, und wurde meine Frau*"[188]. Im Jahr der Eheschließung, 1951, kam auch die gemeinsame Tochter Anna zur Welt. Zu dritt lebten sie in arg beengten Verhältnissen, was trotz etlicher Umzüge noch lange so bleiben sollte.

Marianne verfügte über eine monatliche Waisenrente von 125 Mark, Hanns Dieter über Talent, Ausdauer und Einfälle. Seine kabarettistischen Lieder und Texte wurden in Ermangelung einer Schreibmaschine mit der Hand und in Ermangelung eines Schreibtisches auf einer versenkbaren Nähmaschine geschrieben.[189] Und er war nun unwiderruflich in der Stadt, also in Mainz, gelandet und nicht mehr am Niederrhein wohnhaft. Dennoch: *„Meine Heimat ist meine Kindheit, sag ich immer,/ da bin ich bis ans Ende meiner Tage zu Hause."*[190] Doch aus dem Heimweh nach Moers wurde im Laufe der Zeit sogar ein Heimweh nach Mainz, weil diese Stadt für Hanns Dieter Hüsch im Sinne eines Vertrautseins mit ihr eben keine Großstadt, sondern eine große Kleinstadt war.[191] Ähnlich mag es ihm mit Köln ergangen sein, wohin er 1988 gezogen ist, brauchte er doch nur den Dom zu wechseln. *„Nein, ich bin ein Dörfler, der in der Stadt wohnen muss, aber die Stadt muss überall wie ein Dorf aussehen."*[192]

Hüsch hat in seiner langen Karriere mehr als 70 Bühnenprogramme geschrieben, die seit 1959 vielfach in Büchern nachzulesen und seit 1963 auf Schallplatten, später auf Compact Discs zu hören waren und sind. Mit dem von ihm gegründeten Kabarett-Ensemble „arche nova" trat er zwischen 1956 und 1961 auf, womit auch seine Gastspiele in der Schweiz begannen. Er hat immer wieder für den Hörfunk gearbeitet (schon ab 1947) sowie seit Beginn der 1960er-Jahre fürs Fernsehen. So hat er beispielsweise 1966-69 satirische Reisefeuilletons fürs ZDF gestaltet oder war 1976-78 in der unter Live-Bedingungen aufgezeichneten Familienserie „Goldener Sonntag" (ARD) zu sehen, der 1979 die Serie „Die kleine Heimat. Ein bundesdeutsches Familientheater" folgte. In beiden Serien wurde nicht mit konfliktreichen politischen Themen gespart.

Am Staatstheater Darmstadt war Hüsch zweimal als Regisseur engagiert (1979/80). Er inszenierte das Stück „Immanuel Kant" von Thomas Bernhard (1931-89), der ihn begeisterte, und das Stück „Unsere kleine Stadt" von Thornton Wilder (1897-1975). In den vom Kabarettisten Dieter Hildebrandt (geb. 1927) etablierten politischen Satiresendungen „Notizen aus der Provinz" (ZDF; 1973-79) und „Scheibenwischer" (ARD; 1980-2008) trat Hanns Dieter Hüsch des Öfteren auf.

Bekannt wurde er zudem als Synchronsprecher in der vom ZDF produzierten Sendereihe „Väter der Klamotte" (1972-76), bei der er in annähernd 400 kurzen Stummfilmen den „sprachlosen" Stars seine Stimme lieh: *„Pat und Patachon [...] Dick und Doof und Charlie Chaplin, Buster Keaton und Harry Langdon, Ben Turpin und Charly Chase, Väter der Klamotte, Männer ohne Nerven, und ich musste sie alle sprechen [...]."*[193] Schauspielerisch sei das zwar eine gute Ausbildung gewesen, wie er in seinen 1990 veröffentlichten Erinnerungen einräumt, aber *„denen, die da immer von Kohle reden, muss ich noch nachträglich sagen, dass dieses Synchronisieren bisher meine schwerste und gleichzeitig am schlechtesten bezahlte Arbeit war, die ich gemacht habe".*[194] Sein eigentlicher Durchbruch als Kabarettist gelang ihm erst Mitte der 1970er-Jahre.

Das eigenständige literarische Profil

Hanns Dieter Hüsch war nie ein Kabarettist, der auf tagespolitische Ereignisse schielte, obwohl er die Politik durchaus kritisch im Auge behielt, freilich eher als ein „philosophischer Clown". Er vertrat allerdings sehr deutlich pazifistische, antimilitaristische und gesellschaftskritische Standpunkte, und wandte sich, als Lehre aus den Zeiten der Diktatur im Dritten Reich, gegen sich verabsolutierende Ideologien, setzte jedoch mehr und mehr aus seiner christlichen Grundhaltung heraus auf die versöhnliche Kraft der Liebe. Später schrieb Hüsch: *„Ich* *bin heute mehr ein literarischer Komiker als ein politischer Kabarettist.*"[195]

Das passte vielen im linken Spektrum nicht in den Kram, was 1968 bei einem Festival auf der im Hunsrück gelegenen Burg Waldeck sogar zu einem Abbruch seines Auftritts führte. *„Ich musste ja dann mein ‚Konzert' abbrechen, mich auf ein Stühlchen setzen und Rede und Antwort stehen, und jeder kleine Politkacker wollte von mir wissen, warum ich immer so unterhaltend sei und mein poetisches Vermögen nicht mehr in den Dienst von Fortschritt und Aufklärung stelle, und ich sei doch mehr ein spätbürgerlicher Formalist und kein revolutionärer Volkstribun und so weiter und so weiter.*"[196]

Diese Bevormundung mochte er sich nicht gefallen lassen. Fortan pflegte er daher die Soloprogramme, denn allein fühlte er sich am stärksten.[197] *„Montags hab ich mich zurückgezogen. Dienstags hab ich mich eingemischt. So war es immer bei mir. Also, mich ständig einmischen, das kann ich nicht. Ich bin immer nicht gerade ein Individualist, aber ein Einzelgänger gewesen, von meiner ganzen Struktur her. Und daher habe ich mir auch immer erlaubt, widersprüchlich zu sein.*"[198]

Hüsch hat in seinen Texten eben mit Vorliebe von Alltagsmenschen berichtet, denen er in seinem Leben begegnet ist. Bereits 1951 heißt ein Programm „Frieda auf Erden". „Frieda" ist, wie nachher sein nörgelndes Alter Ego „Hagenbuch" oder der niederrheinische Durchschnittsphilosoph „Ditz Atrops", zwar eine Kunstfigur, besitzt aber eine starke Ähnlichkeit mit seiner ersten Ehefrau Marianne. *„Viele blühen doch richtig auf,/ wie ein Honigkuchenlipizzaner,/ wenn man sie fragt, was sie so machen./ Wenn man sich für sie interessiert./ Und da können Sie mir sagen, was Sie wollen,/ alle Menschen werden im Augenblick ganz andere Menschen, wenn sie merken, da ist plötzlich jemand, der oder die sich für das,/ was ich so mache, interessiert./ Plötzlich sieht der ganze Tag völlig anders aus,/ viel* *heller, obwohl es regnet./ Weil man auf einmal von sich erzählen darf./ Und dann muss man einfach zuhören.“*[199]

Trotz oftmals beißender Kritik an den gesellschaftlichen Missständen bleibt Hüsch ein Menschenfreund und bewahrt sich die Toleranz gegenüber allen, die eine andere Weltanschauung vertreten – fast allen; denn alte und neue Nazis, den „braunen Mob“, verabscheut er zutiefst. In den 1990er-Jahren hat er an den Schluss seiner Bühnenauftritte häufig den Text *„Das Phänomen“* gestellt, dessen letzte Zeilen so lauten: *„Dann nehmt euch alle an die Hand und nehmt auch/ den, der nicht erkannt,/ dass früh schon in uns allen brennt/ das, was man den Faschismus nennt./ Nur wenn wir eins sind überall,/ dann gibt es keinen neuen Fall/ von Auschwitz bis nach Buchenwald,/ und wer's nicht spürt, der merkt es bald./ Nur wenn wir in uns alle – sehn,/ besiegen wir das Phänomen./ Nur wenn wir in uns alle sind,/ fliegt keine Asche mehr im Wind.“*[200]

Hüsch und der liebe Gott

Es verwundert nicht, dass der Kabarettist Hanns Dieter Hüsch, als getaufter und konfirmierter Protestant, von evangelischen wie katholischen Akademien oder zu Kirchentagen eingeladen wurde und dort gesprochen hat, ja dass er Laienpredigten hielt oder Choräle und Psalmen dichtete, denn er machte aus seiner christlichen Überzeugung keinen Hehl. Immerhin hatte mit dem Mystiker Gerhard Tersteegen (1697–1769) schon einmal ein Prediger und Dichter in Moers die Bühne des Lebens betreten. Eine strenge Trennung zwischen den Kirchen wollte Hüsch freilich nicht gelten lassen; *„nun ja, der protestantische Puritanismus hat mir mein ganzes Leben nie so recht zugesagt, es steckt mir zuviel kleinkarierte Pädagogik und spießige Besserwisserei dahinter, und auf die Frage eines Pfarrers, was mir am Protestantismus fehle, habe ich prompt geantwortet:*

das Lateinische. Und [...] obwohl ich durch und durch evangelisch bin, bin ich auch durch und durch katholisch, und so will ich es auch bis an mein Lebensende bleiben."[201]

Sein Verhältnis zu Gott war ein vertrauendes und sehr persönliches, denn der war ihm, nachzulesen im Buch „Wir sehen uns wieder", in Dinslaken auf dem Fahrrad sitzend begegnet, *„mit Pletschkappe/ auf, Manchesterhose an,/ also wie im Kohlenpott einer von der Schicht kommt,/ wunderbar [...]"*. Und, was soll man sagen, der liebe Gott hat Hanns Dieter prompt zu einem Besuch im Himmel eingeladen. *„Ich schreibe Ihnen, ich lass Sie auch abholen, Sie/ brauchen gar keine Angst haben [...]"*. Nach acht Wochen kam tatsächlich ein Brief aus dem Himmel: *„In der Erinnerung an unser nettes kleines Gespräch in/ Dinslaken,/ möchte ich Sie noch einmal schriftlich einladen [...]."*

Hüsch blieb wochenlang „oben", hat Gott, auf dessen ausdrücklichen Wunsch hin, unterhaltende Geschichten erzählt, hat all seine verstorbenen Lieben wiedergesehen und lange mit Jesus über Gott und die Welt geplaudert, denn die haben da ein Café Pilatus, wo es eine hervorragende Gemüsesuppe gibt. Und Jesus raucht gelegentlich mal eine Zigarette, um die militanten Nichtraucher zu irritieren, weil *„Raucher verteufeln, heißt noch lange nicht: gesund sterben"*. So stellt sich Hüsch seinen Gott und den Himmel vor; *„wir setzen keinen mehr unter Druck,/ wir sind ganz einfach freundliche Tote/ und leben unseren Frieden ohne großes Programm [...]"* und ohne Weltanschauung, irdischen Zwang und Geschmacksdiktatur. Ja, es gibt *„keine Altersweisheit und keine Jugendsünden,/ wenn schon Weisheit und Sünden, dann immer/ und nicht erst am Anfang und am Ende./ Wir lieben den Verlierer und wir bitten den Gewinner,/ dem Verlierer zu helfen [...]"*[202].

Hüsch, die Frauen und wieder der Tod

Für Hanns Dieter Hüsch, den *„Aschermittwochsmenschen"*, waren in dem Wissen, vergänglich und hienieden nur auf der „Durchreise" zu sein, die Lust an der zwanglosen Heiterkeit, am Feiern und nicht zuletzt am Alkohol so gar nichts Unbekanntes. Das Rauchen hat er erst mit 60 aufgegeben. Er hatte nun mal einen „Nomadenberuf", hatte Affären und sich auch den *„Damen mit den knappen Röcken"* hingegeben. Das Alleinsein auf den Tourneen führte ihn *„mitten hinein in die Welt der Lust und des Lasters"*[203]. Marianne Hüsch hatte als Künstlergattin viel zu ertragen und viel zu verzeihen. In seinen Erinnerungen nimmt er kein Blatt vor den Mund; *„ich weiß noch, wie die Frieda meine Schreibmaschine nahm, sie hoch über den Kopf hielt und sie mit aller Kraft auf den Boden warf."*[204] Doch sie hat ihn nie verlassen.

Er jedoch tat es. 1973 begann die Liebesgeschichte mit Silvia, einer Schweizerin; *„ich musste einfach gehen, ich weiß, es war kein guter Schritt, aber damals wollte ich weit weg, und weiß der Teufel, warum ich so hart war und einfach Frau und Kind [...] zurückließ, mir eine Aktenmappe unter den Arm klemmte, zweitausend Mark einsteckte und ging."*[205] Sogleich *„war ich in einer anderen Welt, und das tat mir gut, denn ich bin auch nicht wenig vor der Krankheit der Frieda geflohen, aber der Grund war meine Liebe, und nun lief das Leben von St. Gallen aus. Und es war kein schlechtes Leben."*[206] Schließlich kehrte er 1979 wieder ganz zu Marianne zurück.

Diese litt seit Jahren an einer Funktionsstörung der Nieren und hatte oft äußerst schmerzhafte Koliken zu erdulden, bei denen Hanns Dieter Hüsch seine Hilflosigkeit spürte. Seine Frau *„sank dann vollkommen erschöpft und verschwitzt in die Kissen zurück, mater dolorosa, habe ich immer gesagt, die manchmal ihre Fingernägel in die Tapete krallte, weil sie die Schmerzen nicht mehr aushalten konnte*

[...]".[207] Ihr zuliebe reduzierte er seine Auftritte. Es war für ihn an der Zeit, *„nicht mehr wegzulaufen und der Frieda beizustehen und die Kunst ein bisschen zu vernachlässigen [...] mich auf ein anderes Leben einzustellen, und es gelang mir auch, und wir hatten eine gute Zeit im Sommer und im Herbst 1983."*[208]

Dann aber verschlimmerte sich Mariannes Krankheit zusehends. Hinzu kam ein Lungentumor, der Ende 1984 operativ entfernt wurde, was allerdings zum Versagen beider Nieren führte. Doch nicht genug damit, 1985 wurde bei ihr auch noch Knochenkrebs diagnostiziert. Von den Ärzten erfuhr Hanns Dieter Hüsch, dass seine Frau nicht mehr zu retten sei; *„es kann Juni werden, es kann Mitte Juli werden, aber sie stirbt, und die Frieda wusste es und wandte sich fast schon von uns ab, als wollte sie sagen, lebt ihr mal schön weiter, ich gehe jetzt, das wars, und weint nicht soviel [...]"*[209]. Es wurde jedoch nicht Juni oder Juli. Sie starb bereits am 11. Mai. *„Und in den letzten vier Tagen hat sie kein Wort mehr gesprochen und war schon in einer anderen Welt [...]" – „und Anna und ich sahen zu, wie unser Lebensmensch einfach fortging, um sich von den irdischen Schmerzen zu befreien"*[210].

Der Tod der Mutter und der Tod Mariannes, seiner „Frieda", waren wohl die tiefsten Einschnitte in Hüschs Leben bis zu jenem Zeitpunkt. Damals war er zehn, nun war er sechzig. Und die Trauer ist herauszuspüren, wenn er gesteht, dass nichts mehr seinen alten Gang gehen konnte, *„denn die Frieda war nicht mehr da, und ich habe in diesen eineinhalb Monaten, in denen ich allein im Haus war, oft am Küchenfenster gestanden und gesagt: Komm doch jetzt bitte um die Ecke, Marianne, du musst doch jetzt um die Ecke kommen"*[211]. Sechs Wochen lang hat er täglich mehrere der zahlreichen, sehr persönlich gehaltenen Beileidsbriefe handschriftlich beantwortet. Ein starker Trost war ihm ein Satz, den ihm zwei Schwestern aus dem Orden der Ursulinen, zu dem die

Familie Kontakt hatte, geschrieben haben: *„Das Geheimnis der Liebe ist größer als das Geheimnis des Todes. Und ich spürte, dass ich noch was machen musste und dass noch ein bisschen Glück für mich in der Luft lag."*[212]

Ja, es war sogar mehr als nur ein bisschen Glück: Denn schon am 5. Juli ist er nach einem Auftritt mit seinem Programm „Und sie bewegt sich doch" in der Kölner „Comedia Colonia" einer Frau in die Arme gelaufen, Christiane, die 1991 seine zweite Ehefrau werden sollte. War da Petrus nicht vom lieben Gott beauftragt worden? *„Geh mal diesem niederrheinischen Herrn nach und lass dem was über den Weg laufen, ich möchte nämlich nicht, dass der jetzt schon seinen Lebensabend beginnt [...]"*[213].

„Nur noch zehn Meter und du fällst von der Erde, weil es hier so schön ist. Es gibt am Niederrhein so viel Stellen, die alle terra-incognitaverdächtig sind, und eigentlich wollte ich ja auch nie von dieser Welt weg, ich wollte immer in dieser so aussichtslosen Gegend umherirren, um eines Tages von hier aus gleich in eine andere Welt zu kommen, ohne spürbaren Übergang [...]"[214]. Im Jahr 2000 hat Hanns Dieter Hüsch, nach einer Krebserkrankung, Abschied von der Bühne genommen. Nach einem Schlaganfall im Jahr 2001 vermochte er keine weiteren Texte mehr zu schreiben. Im Dezember 2005 starb er.

Lebensdaten

1925	Hanns Dieter Hüsch wird als Sohn von Adele und Heinrich Hüsch in der niederrheinischen Stadt Moers geboren und anschließend getauft
1925–39	Behandlungen und Operationen wegen einer angeborenen Fehlstellung der Füße
1935	Tod der Mutter
1939	Hanns Dieter wird konfirmiert
1943	Notabitur in Moers
1944	Ein Semester lang Studium der Medizin in Gießen
1946	Umzug von Moers nach Mainz und Beginn des später nicht weitergeführten Studiums der Literatur- und Theaterwissenschaften, der Musik, der Kunstgeschichte und der Philosophie
Ab 1947	Auftritte als Kabarettist sowie Mitarbeit im Hörfunk
1948/49	Jeweils zweimonatige Ferienarbeit als Werkstudent bei der Firma Krupp in Rheinhausen
1949	Hanns Dieter Hüsch lernt Marianne Lüttgenau kennen
1951	Marianne und Hanns Dieter heiraten; ihre Tochter Anna kommt zur Welt
1956–61	Eigenes Kabarett-Ensemble „arche nova"
Ab 1958	Auftritte in der Schweiz
Ab 1959	Buchveröffentlichungen
Ab 1962	Mitarbeit im Fernsehen
Ab 1963	Veröffentlichungen auf Tonträgern
1965	Tod des Vaters
1968	Erzwungener Abbruch eines Auftritts von Hanns Dieter Hüsch auf der Burg Waldeck (Hunsrück)

1973	Hüsch wird als Kabarettist einem breiten Publikum bekannt
1973–79	Hanns Dieter Hüsch wohnt überwiegend in der Schweiz bei seiner Lebenspartnerin Silvia Jost
Ab 1979	Marianne und Hanns Dieter Hüsch leben wieder zusammen
1979/80	Engagement als Regisseur am Staatstheater Darmstadt
1985	Tod Marianne Hüschs. Hanns Dieter Hüsch lernt bald danach Christiane Rasche kennen
1988	Umzug von Mainz nach Köln
1990	Veröffentlichung der Lebenserinnerungen „Du kommst auch drin vor"
1991	Christiane und Hanns Dieter heiraten
1998	Bei Hanns Dieter Hüsch wird eine Krebserkrankung diagnostiziert
2000	Hüsch nimmt seinen Abschied von der Bühne
2005	Tod Hanns Dieter Hüschs und Beisetzung in Moers

Bankrotterklärung für Managementkurse, Marktanalysen und Globalisierungstheorien

Steve Jobs (1955–2011)

„Ich will etwas, das wie ein Blitz einschlägt. Es soll die Leute umhauen."[215]

Es sollte etwas Besonderes sein. Steve Jobs wollte im Jahre 1984 einen Computer präsentieren, der nicht nur als ein Handwerkszeug dient, sondern etwas darstellt, das die Welt verändert; er wollte *„eine Delle ins Universum schlagen"*[216] – und dadurch selbst etwas ganz Besonderes werden.

Ob er das jemals erreicht hat, wird man erst nach längerer Zeit beurteilen können. Der Weg, den er bis zu seinem Tod im Oktober 2011 zurückgelegt hat, ist durchaus erstaunlich. Ein späterer Erfolg dieses Ausmaßes schien ihm nämlich keineswegs in die Wiege gelegt: Seine leiblichen Eltern hatten bereits während der Schwangerschaft beschlossen, ihr Kind, das dann am 24. Februar 1955 zur Welt kam, zur Adoption freizugeben.[217] Seine Mutter, die US-Amerikanerin Joanne Schieble aus einer deutschstämmigen Familie, hatte sich als Studentin in den Syrer Abdulfattah Jandali verliebt. Als sie schwanger wurde, beschlossen beide Eltern, vorerst nicht zu heiraten, weil Joannes Vater im Sterben lag und mit Enterbung gedroht haben soll, falls sie Abdulfattah heirate.

Eine Abtreibung war in der Familie noch undenkbarer. Also begab sich Joanne nach San Francisco zu einem Arzt, der Kinder zur Welt bringen half und Adoptionen vermittelte. Sie bestand darauf, dass es sich um eine Akademikerfamilie handeln solle, die ihr Kind einmal großziehe. Es kam jedoch anders: Das neugeborene Kind Steve kam zu Paul und Clara Jobs. Paul hatte die Highschool abgebrochen und eine Leidenschaft für die Mechanik entwickelt, wohingegen Clara als Buchhalterin tätig war. Unter diesen Umständen bestand Joanne zumindest darauf, dass ihr Sohn Steve dereinst aufs College geschickt werden müsse.

Als der kleine Steve später einmal von einer Spielkameradin auf die Möglichkeit hin angesprochen wurde, dass seine leiblichen Eltern ihn vielleicht nicht gewollt hätten, soll er sehr erschrocken gewesen sein und eine Art „Blitzerlebnis" gehabt haben: *„Das traf mich wie ein Blitz. [...] Ich weiß noch, wie ich ins Haus rannte und weinte."*[218] Die Adoptiveltern beruhigten Steve mit der Erklärung, sie hätten speziell ihn „auserwählt".

An dieses Gefühl, „auserwählt" zu sein, klammerte er sich sein ganzes weiteres Leben. Möglicherweise wollte er damit den Gedanken, ursprünglich von den leiblichen Eltern verlassen worden zu sein, verdrängen. Diese These wies er häufig zurück; zu anderen Zeiten gab er wiederum zu, unter dieser Vorstellung zu leiden. „Er erklärte mir, er sei zutiefst verärgert über die Tatsache, dass man ihn weggegeben habe", sagte sein Bekannter Greg Calhoun einmal.[219] Um sich selbst abzulenken, betonte er seine Besonderheit und berief sich auf seine Eltern: *„Ich habe mich immer als etwas Besonderes gefühlt. Meine Eltern vermittelten mir immer das Gefühl, etwas Besonderes zu sein."*[220]

Narzissmus

Zeitgenössische Psychologen sehen in dieser Konstellation fast ein Musterbeispiel für das Phänomen des „Narzissmus".[221] Um 1974, als Steve Jobs sich in einen psychologischen Kurs einschrieb, um sich zu therapieren, entwickelte der 1913 in Wien geborene und ab 1940 in den USA lebende und lehrende Psychoanalytiker und Freud-Schüler Heinz Kohut (gest. 1981) seine Theorie von den „narzisstischen Persönlichkeitsstörungen", die sowohl er als auch der Historiker und Sozialkritiker Christopher Lasch[222] (1932–1994) als eine typische Seelenstruktur der Gesellschaft der westlichen Welt entwarfen. In der Folgezeit wurde eine ganze, im Westen sehr einflussreiche, Psychologenschule auf dieser Theorie begründet.[223]

Als Hauptmerkmale können das Schwanken zwischen Selbstüberschätzung und Minderwertigkeitsgefühlen, die Bewunderung von Vaterfiguren, eine übergroße Angst vor „narzisstischer Kränkung" mit Wut, Weinen und Schamgefühlen sowie das Ausweichen in mythisch-magisches Denken bzw. unbestimmbare religiöse Spekulationen angeführt werden. Die Selbstüberschätzung kann bis zum Realitätsverlust gehen, und im besten Fall können die Betroffenen versuchen, sich durch Kreativität selbst zu heilen.[224]

Väterliche Vorbilder sammelte Jobs reichlich. Schon der junge Steve war sehr oft beim Vater in der Garage, wo dieser Autos reparierte: *„Es war nicht so mein Ding, Autos zu reparieren. Doch ich wollte einfach bei meinem Dad sein."*[225] Als Erwachsener gehörte es später zu seinen größten Triumphen, gerade dem Adoptivvater seine „sauber" wirkenden Produkte und Fertigungsanlagen vorzuführen. Und in der Umgebung, wo er aufwuchs, bewunderte der Knabe den Bauträger Joseph Eichler und das Design seiner Häuser, das er später auf seine Computer übertrug: *„Es war die ursprüngliche Vision für Apple."*[226] Die Gestaltung empfand er als „magisch".

Jobs übte sich gern in einer Sprache, die seine Gedanken überhöhten, ihnen eine geradezu transzendentale Dimension verleihen sollten. Statt von einfachen Einfällen oder Ideen, sprach er oft von *„Erleuchtungen"* oder *„Visionen"*, von denen er erfüllt sei. Und es gelang ihm, dass viele Menschen ihm dabei folgten und seine Produkte sowie seine Person zu einem sogenannten „Kult" oder einer modernen „Ikone"[227] werden ließen – in einer Zeit, da die traditionellen, philosophisch und theologisch tief durchdachten christlichen Konfessionen als nicht mehr zeitgemäß galten.

Die genannte Tendenz zeigt sich heute bei vielen Unternehmen, die ihre Zielsetzungen „Philosophie" nennen und meist doch nur das Streben nach höheren Renditen meinen. Diese Arten von Kulten oder Philosophien sind gemeint, wenn die von Jobs mitbegründete Computerfirma „Apple" das Etikett „iKult"[228] erhielt und Jobs selbst als „Der Philosoph des 21. Jahrhunderts" angesprochen wurde[229], obwohl er nie einen einschlägigen Aufsatz, geschweige denn ein Buch, geschrieben oder veröffentlicht hat.

Zu allem und jedem wollte Steve Jobs nach den Aussagen seines „autorisierten Biografen" Walter Isaacson[230] eine ganz besondere Beziehung gehabt haben, auch zu der Gegend, in der er aufwuchs, nämlich im Bereich des „Silicon Valley": *„Als ich aufwuchs, wurde ich von der Geschichte dieses Ortes inspiriert [...] Deshalb entstand in mir der Wunsch, ein Teil davon zu werden."*[231] Es war die vor Ort in der Tat imposant wachsende Elektronikindustrie, die schon den Knaben verständlicherweise faszinierte und fortan Jobs' ganzes Leben bestimmen sollte. Gerade er, einer der herausragendsten „Propheten" der viel zitierten globalen Vernetzung, war also sehr stark lokal verwurzelt, was noch deutlicher wird, wenn man bedenkt, dass er 2011 in Palo Alto starb, in allernächster Nähe zu dem Ort, wo er aufgewachsen war und überhaupt sein ganzes Leben verbracht hatte.

Eine besondere Hebung seines Selbstwertgefühls erfuhr Jobs durch seine Begegnung mit einer weiteren Vaterfigur, dem

Ingenieur Larry Lang. Er zeigte dem jungen Steve eine neue elektronische Aufnahme-Technik, was er seinem Vater weitererzählte, der es jedoch nicht glauben wollte und nicht fassen konnte. Plötzlich meinte Steve zu erkennen, dass er klüger und schneller als seine Eltern sei. *„Es war wirklich ein bedeutsamer Augenblick, der sich in mein Gedächtnis eingegraben hat. Als ich erkannte, dass ich intelligenter als meine Eltern war, empfand ich tiefe Scham*[232] *wegen meiner Gedanken. Diesen Augenblick werde ich nie vergessen.“*[233] Das Gefühl, etwas Besonderes zu sein, verstärkte sich in ihm zusehends.

Frühe Karriere

In der Schule durfte er eine Klasse überspringen. Dann begann er, sich für den Buddhismus zu interessieren, rauchte seit dem fünfzehnten Lebensjahr regelmäßig Marihuana, fuhr sein erstes Auto, das der Vater ihm geschenkt hatte, und beschäftigte sich mehr am Rande mit Literatur. Sein Hauptinteresse galt den Naturwissenschaften und der Technologie. Auf diese Weise lernte er viele Gleichaltrige kennen, unter anderem Bill Fernandez, der den für Steve Jobs wohl entscheidenden Kontakt in seinem Leben knüpfte: mit dem Computerbauer Steve Wozniak (geb. 1950). „Wissenschaft war meine Religion“, sagte dieser über sich selbst.[234] Und diese „Religion“ pflegte Wozniak in Fernandez' Garage – ähnlich wie Bill Gates, der bekanntlich ebenfalls in einer Garage mit Basteleien begann.

Wozniak übertraf Jobs bei der Fertigkeit, elektronische Bauteile zu berechnen und herzustellen, bei Weitem. Jobs bewunderte den fünf Jahre älteren Mann. „Ich konnte sehen, dass er beeindruckt war“[235] , schrieb Wozniak über die Szene, als Jobs den ersten Computer seines späteren Freundes in dessen Garage erblickte. Sie begannen nun gemeinsam, alle möglichen elektronischen Geräte auszutüfteln, und waren begeistert, als es ihnen gelang, eine „Blue Box" herzustellen, mit der man den Computer einer Telefongesellschaft täuschen und kostenlos Ferngespräche führen konnte. Unter anderem sollen sie den Vatikan angerufen haben, eine „höhere Einsicht" scheint diesmal aber ausgeblieben zu sein. Wozniak, der Hauptkonstrukteur, war besonders über die Entdeckung als solche erfreut und hätte sie sogar an die Kommilitonen verschenkt, doch Jobs wollte sie vermarkten. *„Wir stellten ungefähr 100 Blue Boxes her und verkauften sie fast alle"*, erinnerte sich Steve später.[236]

1972 zog Jobs trotz des Widerstands von Seiten seines Vaters mit dem Hippiemädchen Chrisann zusammen, aß von nun an ausschließlich Obst und Gemüse, wusch sich seltener, pflegte seinen Körper und seine Kleidung nachlässig, durchbohrte seine Gesprächspartner mit einem starren Blick, schwieg zuerst lange, um dieses Schweigen dann mit einem schier unaufhörlichen Wortschwall zu unterbrechen – alles weitere Kennzeichen des Narzissmus.

Im selben Jahr zwang er seine Eltern, ihm den Besuch des teuren Reed College zu bezahlen. Aber er hielt plötzlich eine merkwürdige Distanz zu ihnen: *„Ich wollte nicht, dass irgendjemand erfuhr, dass ich Eltern hatte. Ich wollte als Waise erscheinen, der mit dem Zug durchs Land gefahren und aus dem Nichts aufgetaucht war, ohne Wurzeln, ohne Bindungen, ohne Background."*[237] Er wollte etwas ganz Besonderes sein.

Steve las viel über die Themen Erleuchtung, Spiritualität und Meditation indischer bzw. japanischer Provenienz, wobei er sich lange Zeit von dem „Kultfigurgehabe" eines neuen Freundes, des späteren Kupfer- und Goldminen-Milliardärs Robert Friedland, beeinflussen ließ. Später meinte er zu erkennen: *„Robert präsen-*

tierte sich immer als spiritueller Mensch, aber er verwandelte sich von einem charismatischen Menschen in einen Hochstapler."[238]

Auch wenn er seiner Meinung nach *„in einer magischen Zeit erwachsen*"[239] wurde, benötigte er doch ganz profan eine Arbeit, mittels der er mehr Geld verdienen konnte, als seine Eltern ihm zu geben bereit waren. Diese fand er 1974 bei der Computer-Firma Atari, wo sie ihn wegen seiner Überheblichkeit und seiner mangelnden Körperpflege in der Nachtschicht arbeiten ließen.

Es gelang ihm dennoch, „den Chef von Atari einzuwickeln"[240], und zwar mit philosophischen Diskussionen. Ja, es gelang ihm sogar, eine längere Indien-Reise mit Firmenaufträgen zu verbinden. Jobs wollte damals unbedingt nach Indien, denn er war *„beseelt von der Vorstellung der Erleuchtung*"[241]. Bei Zwischenstopps in München, Turin und Lugano erledigte er zum Teil Firmenaufträge, bevor er in Neu-Dehli landete. Nach einem planlosen Umherreisen in Indien von über einem halben Jahr ohne Erleuchtung flog er über London zurück in die USA, um sich in Los Altos, bei seinen Eltern, durch Meditationen selbst zu finden und in dem anfangs erwähnten psychologischen Kurs zu therapieren. Ob er sich dabei ernsthaft mit sich selbst auseinandersetzte, bleibt unbekannt.

1975 ergatterte er einen interessanten Auftrag: Er sollte mit Wozniak zusammen ein Computerspiel entwerfen. Wozniak arbeitete vier Nächte hindurch und hielt so die vorgeschriebene Zeit ein. Am Ende jedoch soll Steve den Erlös nicht wie vereinbart zu gleichen Teilen mit Wozniak geteilt haben – und leugnete dies auch noch hartnäckig, obwohl es eindeutig geklärt gewesen sein soll. Man könnte das auch als Realitätsverlust interpretieren.

Vom Garagen-Bastler zum Firmeninhaber

In dieser Zeit war Steve Jobs bereits zu einer paradigmatischen Gestalt seiner Zeit geworden: „Die Verschmelzung von Flower Power und Mikroprozessor, von Erleuchtung und Technologie wurde von Steve Jobs verkörpert, der morgens zunächst meditierte, dann Physikvorlesungen in Stanford besuchte und nachts bei Atari arbeitete [...]“[242]. Computer wurden nun von den Jugendlichen – insbesondere den Hackern – nicht mehr als Instrumente der Geschäftsleute, der Mächtigen und Etablierten, sondern als Möglichkeit der Befreiung gesehen.

Am 5. März 1975 traf sich erstmals der „Homebrew Computer Club“ – meist junge Amateure – in einer Garage, um Ideen über Programme und Geräte auszutauschen. „Dieser Abend sollte einer der wichtigsten meines Lebens werden“, sagte Wozniak später; denn schon hier entwickelte er die Idee (auch er sagte wörtlich: die „Vision“) von einem ersten Personal Computer, den man auf den Schreibtisch stellen und vereinfacht handhaben könnte.[243]

Vom ersten Modell war selbst Jobs beeindruckt. Jetzt begann er, in der Arbeitsgemeinschaft mit Wozniak die für ihn passende Rolle zu spielen, und organisierte Material und eine werbende Vorführung. Wozniak wollte dem Computer-Club auch die Baupläne kostenlos zur Verfügung stellen – aber da schob Jobs einen Riegel vor, und sie vereinbarten den Verkauf der Fertigprodukte.

Zu diesem Zweck gründeten sie eine Firma, und der ständig Äpfel verspeisende Jobs wählte dafür den Namen „Apple“: *„Apple nahm dem Begriff Computer die Schärfe.“*[244] Schon bald erhielten sie einen überraschend gut dotierten Produktionsauftrag, für den sie sich allerdings bei einer Bank Geld leihen mussten. Mehrere Manager musterten den verlottert wirkenden Hippie Steve Jobs und lehnten ab. Sie waren Opfer ihrer Managementkurse, Marktanalysen und Rentabilitätsberechnungen.

Schließlich kamen die beiden doch an die nötigen Summen und bauten in der geforderten Zeit die Geräte zusammen, hauptsächlich in der Garage der Familie Jobs in Los Altos. Hier wurde der „Apple I" geboren und die Auslieferung konnte erfolgen.[245] Aber schon bald hatten sie die nächste Stufe im Auge, den in Aussehen, Kompaktheit und Praktikabilität weiterentwickelten Apple-II-Computer. Jobs versuchte wiederum, mit anderen Firmen zwecks Finanzierung der Herstellung zusammenzuarbeiten. Und wieder das gleiche Spiel: ständige Absagen, vor allem wegen des persönlichen Eindrucks, den Jobs auf die Geschäftspartner machte. Soll einer sagen, die Wirtschaft „funktioniere" nach klar umrissenen Kalkulationen; Steve Jobs, der künftige Milliardär, erlebte die Verantwortlichen so, als seien sie ausschließlich von äußerlichen Eindrücken und Stimmungen gelenkt.

Zwischendurch hatte er Streit mit seinem Partner Wozniak, in dessen Verlauf er anfing, unbeherrscht wütend zu brüllen – ohne die Fassung richtig wiederzugewinnen. Aber er setzte sich durch, auch mit abwegigen Vorstellungen, zum Beispiel der, dass die Computer unbedingt dem Design bestimmter Küchengeräte gleichen sollten.

Doch sogar auf seine Art fand er einen Investor, der wiederum das Engagement eines Partners und eines Marketing-Experten verlangte. Sie konnten Mike Markkula (geb. 1942) zum Mitmachen überreden, und Steve Jobs verstand sich von Anfang an sehr gut mit ihm; denn: „Markkula wurde für Jobs eine Vaterfigur."[246]

Mike Markkula formulierte in der Tat so etwas wie eine „Philosophie" – so nannte er das jedenfalls, was er selbst auf immerhin einer ganzen Seite schriftlich festhielt: „Die Apple Marketing Philosophie". Sie enthielt die drei Grundsätze, dass man eine innige Verbindung zu den Gefühlen der Kunden halten müsse, dass unwichtige Dinge außer Acht zu lassen seien und dass das Produkt schon rein äußerlich qualitätvoll wirken müsse. Wer wollte dem widersprechen?

Herr Jobs, der Firmenchef, soll nicht würdevoller gewesen sein als der Garagen-Bastler, im Gegenteil.[247] So stellte es jedenfalls Walter Isaacson dar: Steve Jobs wurde demgemäß ruppiger zu seinen Angestellten, hatte unberechenbare Wutanfälle, fiel anderen ins Wort, hörte kaum zu und wusch oder duschte sich selten, nach dem Motto, er ernähre sich ja vegetarisch, da sei das viele Waschen der Haut nicht nötig. Auch bei Konferenzen steckten seine schmutzigen Füße nach wie vor in offenen Sandalen, und um „Stress abzubauen, tauchte er manchmal seine Füße in die Toilette".

Markkula hingegen wollte einen angehobenen Stil sichern und engagierte den übergewichtigen, verkrampften und unter Muskelzuckungen leidenden Mike Scott als „Chief Executive Officer", also geschäftsführendes Vorstandsmitglied. Er hatte die Hauptaufgabe, Jobs zu managen. Da Jobs keine Konferenzen mochte, verhandelte er mit „Scotty" bevorzugt auf Spaziergängen. Und auch später noch waren es Spaziergänge, welche die bedeutendsten Gespräche und Entscheidungen in Jobs' Leben herbeiführten. Eine der erstaunlichsten Wirtschaftsführer-Karrieren des 20. Jahrhunderts verlief also ganz anders, als es den allenthalben stattfindenden Management-Kursen oder landläufigen Vorstellungen entspricht: Jobs ging spazieren statt zu joggen, er benahm sich bei Konferenzen, soweit er daran teilnahm, unmöglich, nämlich wütend oder weinerlich, eben gefühlsbetont, manchmal auch übertrieben kalt, kleidete sich nicht stilgemäß, machte Kellnerinnen herunter mit der Bemerkung, das

Essen sei „Müll", verkleidete sich auf einer Halloween-Party als Jesus, schlief in seinem Haus auf einer Matratze auf dem Boden, beleidigte so manche Mitarbeiter oder verrannte sich in die übertriebene Verehrung von Vaterfiguren.

Aber im Unterschied zu vielen anderen obersten Chefs gelang es ihm mehrmals, Dinge zu entdecken, in denen enorme Möglichkeiten steckten – und diese Möglichkeiten zu nutzen, um damit schon in relativ jungen Jahren ein erstaunlich großes Vermögen zu verdienen.

Die Entdeckung des Computers der Zukunft

1979 vereinbarte Jobs zum Beispiel ein Geschäft mit dem Forschungszentrum einer großen Computerfirma in Palo Alto, das es ihm mit seinen Begleitern ermöglichte, in neueste Entwicklungen Einblick zu nehmen.[248] Was sie sahen, war ein Rechner mit einer neuartigen grafischen Benutzeroberfläche, die in der bewussten Firma nicht vorrangig beachtet wurde – es ging ja auch nur um eine angenehmere, nicht unbedingt notwendige Art der Steuerung eines Computers.

„Ich konnte die Zukunft des Computers deutlich vor mir sehen"[249], äußerte sich Jobs. „Das war der Durchbruch, nach dem er so lange gesucht hatte: ein massentauglicher Rechner mit dem freundlichen, aber erschwinglichen Design eines Eichler-Hauses und der Konsumentenfreundlichkeit eines durchdesignten Küchengeräts" (Isaacson). Der dann ähnlich produzierte Rechner bescherte „Apple" die Chance auf den Börsengang. Sie wagten ihn, und das führte dazu, dass allein Steve Jobs im Jahre 1980, also mit 25 Jahren, über ein Vermögen von ca. 256 Millionen Dollar verfügte.

Und wie verhielten sich die professionellen Manager? Sie entzogen ihm entscheidende Kompetenzen in der Unternehmensleitung, sodass er zwar eine Art Vorstandsmitglied blieb, jedoch keine Anweisungen mehr erteilen konnte. Immerhin spürte die Öffentlichkeit, was die Zeitschrift „Inc." über Jobs schrieb: „Dieser Mann [auf der Titelseite] hat die Geschäftswelt für immer verändert."[250] Nur manche hatten es nicht richtig verstanden – und verstehen bis heute nicht, dass eine Idee mehr wert sein kann als marktwirtschaftliche Rentabilitätsberechnungen oder Produktanalysen. Mit Recht fragte Jobs einmal: *„Hat Graham Bell etwa Marktforschung betrieben, bevor er das Telefon erfand?"*[245]

Der abservierte Jobs wandte sich innerhalb seiner eigenen Firma einem kleinen Projekt zu, das die Herren Vorstände 1979 fast schon beenden wollten: der Entwicklung des Macintosh-Computers. Unter Tränen erkämpfte er bei seiner „Vaterfigur" Markkula, dass er die alleinige Leitung erhielt. Dann zwang er wichtige „Apple"-Mitarbeiter in seine Abteilung, indem er ihnen am angestammten Arbeitsplatz einfach den Stecker herauszog. *„Die Zukunft von Apple heißt Macintosh, und damit fängst du jetzt an!"*[252]

Jobs machte Druck, indem er die Fakten so hinbog, wie er sie brauchte; man hätte das ebenso „Realitätsverlust" oder bewusstes Lügen nennen können. Er war der Meinung, dass die üblichen „Regeln für ihn nicht galten"[253]. Unter anderem soll er seinen Wagen ohne Nummernschilder gefahren und auf Behindertenparkplätzen abgestellt haben. Seiner Freundin Chrisann gegenüber soll er einmal angedeutet haben, er halte sich für erleuchtet, fast wie bei Nietzsche – ohne den Philosophen Friedrich Nietzsche (1844–1900) freilich jemals gelesen zu haben.

Das Schlüsseljahr 1984

Während seine Abteilung an den unerfüllbar scheinenden technischen Vorgaben des Chefs arbeitete, zerbrach dieser sich vor allem den Kopf über das Design, was andere vielleicht nicht für so wichtig hielten; es wurde aber entscheidend für die Geschichte des Computers. Nach langer Suche warb Jobs um den deutschen Designer und Buchautor Hartmut Esslinger aus Altensteig im Schwarzwald (geb. 1944), der von nun an das Aussehen der „Macintosh"-Reihe prägte und einen nicht unerheblichen Beitrag zu deren Erfolg leistete. Er sorgte mit Jobs dafür, dass auch die als „Rückseiten" definierten Bereiche und sogar die Verpackungen ein ansprechendes Äußeres bekommen.[254] 1982 wurde eine Darstellung des Computers auf der Titelseite der „Times" zum „Mann des Jahres" gekürt – nicht Steve Jobs selbst, was ihn so gekränkt haben soll, dass er wiederum geweint habe.[255]

Nach harter Arbeit gelang Ende 1983 die Fertigstellung des „Mac", er musste nur noch durch einen Werbespot beworben werden. Jobs und seine Mitarbeiter heuerten dafür Skinheads und eine Diskuswerferin an: Die Skinheads saßen mit ihren Glatzen grau-blau gekleidet, wie „Massenmenschen", vor einem riesigen Bildschirm, über den ein „Big Brother" in Orwellscher Manier auf sie einredete. Dann tauchte plötzlich eine blonde Sportlerin mit roten Shorts und weißem Oberteil auf, sprang mit einem großen Hammer durch die Reihen und schleuderte ihn in den zerberstenden Bildschirm, was eine „Erleuchtung" bei den grauen Männern hervorrief. Der Kommentar lautete: „Am 24. Januar wird Apple Computer den Macintosh vorstellen. Und Sie werden begreifen, warum 1984 nicht wie *1984* sein wird."

Jobs zeigte den Werbespot den Managern im Vorstand – und die waren wieder einmal total dagegen, ja geradezu verzweifelt. Daraufhin nahm Jobs die Verbreitung und Finanzierung der Werbung selbst in die Hand – und erzielte einen bis dahin nie dagewesenen Erfolg: Mehr als 96 Millionen Menschen waren die ersten Zuschauer, viele Sendeanstalten berichteten darüber und Fachzeitschriften kürten den Werbespot zum besten aller Zeiten. Bis heute wird er im Internet von vielen Menschen betrachtet.

Von da an stellte Jobs seine Produkte oftmals persönlich auf der Bühne vor, und häufig war sein Publikum nahezu hysterisch vor Begeisterung. Am Ende mussten die sogenannten professionellen Manager zugeben, dass niemand sonst den überaus gewinnträchtigen Macintosh-Computer hätte zuwege bringen können. „Genauso wenig wäre es mit endlosen Diskussionsrunden und Mehrheitsentscheidungen gelungen."[256]

Welche Folgen hatte das für Jobs persönlich? Es klingt absurd, entspricht aber der Wahrheit: Er wurde 1985 nach internen Machtkämpfen gezwungen, die Firma zu verlassen. Er tat es unter Tränen. Die jedoch hätte er sich sparen können, wenn ihm damals schon klar gewesen wäre, welche unternehmerischen Höhenflüge ihm noch bevorstanden. Wieder war es eine winzige, scheinbar unbedeutende und von allen unterschätzte Firma, die er erwarb und zu einem Unternehmen ausbaute, das ihn am Ende zum Milliardär machen sollte: Pixar. Denn damit verband er die Musik- und Filmindustrie mit der Computerwelt, und zwar mit Speichergeräten, die man um den Hals hängen oder mit denen man mobil telefonieren konnte: „iPhone", „iPod", „iPad" und „iTunes" wurden zu den Stichworten der Zukunft. Eine nicht mehr nachvollziehbare Vielzahl von Firmen, Einrichtungen, Institutionen, TV-Sendungen bieten heute ihre „Applikationen", ihre Apps, für diese Produkte an.

Mit diesem Unternehmen in der Tasche eroberte Jobs ab 1997 „Apple" zurück, und ein weiteres Mal herrschte er dort entgegen allen Regeln. So etwas wie Transparenz, Kundenfreundlichkeit oder Mitarbeiterpflege waren bei Apple fürderhin Fremdworte.

Es herrschte ein striktes Schweigegebot, nach außen und für die Abteilungen untereinander. Wer es durchbrach, wurde entlassen und musste mit hohen Geldstrafen rechnen. Zudem mussten die Kunden miterleben, dass ihr Gerät binnen Kurzem keine neuen Programme mehr laden konnte.

Trotzdem – oder gerade deswegen – wurde Jobs persönlich immer mehr zu der „Ikone", die seine Verehrer nach wie vor gern in ihm sehen möchten. Es scheint, als gefiele ihnen ein Musikstück oder ein Film erst dann, wenn sie ihn auf einem seiner Geräte abspielen können. Den nötigen Kopfhörer führt man immerzu bei sich und lässt ihn demonstrativ, wie ein modisches Kleidungsstück, offen über dem Brustbereich baumeln. Man sendet sich gegenseitig Kurznachrichten und telefoniert häufiger, aber inwiefern damit eine vertiefte Kommunikation verbunden ist, bleibt zweifelhaft. Die „Schriftkultur" hat darunter wohl eher gelitten, weil das Schreiben auf dem Computer „weniger Respekt vor der Sprache als Werkzeug erheischt".[257]

Schnell kann man sich mittels „iPod" oder „iPad" in Verbindung mit dem Internet über alle möglichen Sachverhalte informieren. Ob sie „große Linien" oder vertiefte Einsichten anregen, die dem aristotelischen Gedanken „Der Mensch strebt von Natur aus nach Wissen"[258] oder der Bildungsidee eines Wilhelm von Humboldt genügen, sei dahingestellt.

Wohl noch so manche „Augenblicke der Inspiration" ließen sich anführen, wurden sie doch von Jobs selbst als solche stilisiert, als sei er der Normalität der meisten Menschen entrückt. Unter Einsamkeit hat er wohl nie gelitten. Auch als er am 5. Oktober 2011 starb, war er von einigen Menschen umringt.

Fragen an unsere Zeit

Waren es echte „Erleuchtungen", „Inspirationen" oder „Visionen", die Steve Jobs bewegten? Und wenn ja: Woher kamen sie? Von wem hat er sie empfangen? Steve Jobs war wohl eine weltweit beachtete Persönlichkeit, die sich als etwas Besonderes sah und höhere Eingebungen für sich reklamierte – jedoch ohne ein einigermaßen fassbares Gedankengebäude im Hintergrund, ohne ein Weltbild, mit dem man sich auseinandersetzen könnte. Insofern wird er unter wissenschaftlichen Philosophen, Theologen oder Intellektuellen nicht als einer der Ihren gesehen, höchstens als Beispiel für den sogenannten „Geist unserer Zeit". Stellungnahmen zur Politik, die Identifikation mit einer Lebensgemeinschaft, übergreifende Entwürfe zum Staat oder zu einer Form des Gemeinwesens, wie wir sie bei den anderen Persönlichkeiten dieses Buches oft fanden, fehlen bei Jobs.

Wir haben es anscheinend erstmals mit einer Epoche zu tun, in der wichtige Personen keinerlei weltanschauliche oder moralische Autorität mehr in Anspruch nehmen wollen – und dies wohl auch nicht können. Nach dem, was über Jobs aufgeschrieben und halbwegs von ihm selbst autorisiert wurde, sah er sich wechselweise als Künstler, als Wissenschaftler oder als eine Art Messias. Wenn seine Tätigkeit Kunst war, dann ist Kunst zu einem Spiel ohne Aussage geworden; und die Wissenschaft hat sich in der Tat mit Hilfe des Computers und seiner permanent wachsenden Speicherkapazitäten zu einer Einrichtung des Sammelns, Dokumentierens und statistischen Strukturierens gewandelt.[259] Interpretationen freilich fehlen häufig. Diese kann der Computer nach wie vor nicht leisten.

Lebensdaten

1955	24. Februar: Geburt von Steve Jobs in San Francisco, Kalifornien; Kindheit und Jugend zuerst in Mountain View, dann in Los Altos, im Bereich des „Silicon Valley"
um 1970	Beginn der Zusammenarbeit mit dem Computerfachmann Steve Wozniak („Woz")
1972	Abschluss der High School, Beginn der Studiums am Reed College, Portland; Abbruch des Studiums nach einem Semester, weiterer Aufenthalt als Gasthörer
1974	Arbeitsverhältnis bei der Computerfirma Atari, dann Reise über Deutschland, Italien und die Schweiz nach Indien, zum Teil im Auftrag der Firma; Entwicklung und Verkauf eines Computerspiels mit Wozniak
1976	Mitbegründer der „Apple Computer Company" in der Garage der Jobs in Los Altos; Bau eines ersten Computers in einem Holzgehäuse
1977-83	Computermarken „Apple II" (erfolgreichste Variante), „Apple III" und „Apple Lisa"
1978	Geburt der Tochter Lisa; Mutter: Chrisann
1980	Börsengang von Apple; in den 1980er-Jahren Beziehung zu Joan Baez
1984	Präsentation des Macintosh-Computers („Mac")
1985	Jobs verlässt Apple nach einem Machtkampf mit dem Manager John Scully
1986	Jobs gründet das Computer-Unternehmen NeXT, bedeutend im wissenschaftlichen Bereich; Ankauf des Computertrickfilm-Studios Pixar; durch den Börsengang wird Jobs zum Milliardär; ein erster völlig computeranimierter Film erhält einen Oscar

1991	Heirat mit Laurene Powell; drei Kinder
1996	Apple kauft NeXT, Jobs ist Berater
1997	Jobs wird wieder Mitglied des Apple-Vorstands und vorerst vorübergehender Geschäftsführer
1998	Einführung des „iMac“ und später weiterer Geräte wie „iPod“ usw.
2001	Jobs endgültig Geschäftsführer von Apple, Präsentation des neuen „iPod“
2004	Erste Krebsoperation
2006	Die Walt-Disney-Company erwirbt Pixar; Jobs wird dort Mitglied des Verwaltungsrats
2009	Zeitweise erkrankt
2010	Jobs hält 138 Millionen Disney-Aktien; Präsentation des „iPad“
2011	Abgabe des Tagesgeschäfts, dann Rücktritt, am 5. Oktober Tod in Palo Alto, Kalifornien, zu Hause im Kreis der Familie

Menschen ohne Inspiration?

Die Gesellschaft der Zeitgeschichte (1950–2010)

„Die Absage an große Ziele und geschichtliche Aufgaben, an alles Ideenhaltige überhaupt, war einer der auffälligsten Begleiterscheinungen dieser revolutionären Prozesse."[260]

Diese Feststellung traf Joachim Fest (1926–2006) im Jahre 1991, nach den „revolutionären Prozessen", die 1989 zum Ende des alten Ost-West-Konflikts geführt hatten. Und es stellt sich durchaus die Frage, ob den Menschen in der Zeit nach 1989 tatsächlich die großen Ziele, die Ideen und vielleicht auch die „Augenblicke der Inspiration", welche ganz neue Epochen heraufbeschwören könnten, verloren gegangen sind.

Vieles scheint darauf hinzuweisen. Globale geistige Auseinandersetzungen um große Gedankengebäude sind wohl gegenüber wirtschaftlichen, technischen oder gar sportlichen „Ereignissen" in den Hintergrund des öffentlichen Bewusstseins getreten. Und die Menschen, die von den elektronischen Medien auf den Bildschirmen abgebildet werden, verschwinden kurz darauf aus dem Gedächtnis, ihre Gesichter sind so schnell wieder vergessen, wie sie aufgekommen waren. Sie haben sich, so ist zu befürchten, den Zuschauern nicht dauerhaft eingeprägt. Man kann sich kaum vorstellen, dass es bedeutende Schicksalsmomente in ihrem Leben gegeben haben mag.

„Längst ist das Gesicht zum abstrakten Zeichen geworden [...]", schrieb Kia Vahland in der „Süddeutschen Zeitung" (11.3.2013,

Nr. 59, S. 12), in einer Besprechung eines Buches von Hans Belting mit dem Titel „Faces. Eine Geschichte des Gesichts“, das 2013 in München erschienen ist.

Gesichtslosigkeit aufgrund fehlender Inspiration?

Sind wir vielleicht zu einer „gesichtslosen Gesellschaft“ geworden?

Februar 2012: Das Stadtoberhaupt Nürnbergs streitet sich mit Münchner Museumsverwaltern um die Ausleihe eines Gemäldes. Die Münchner wollen das berühmte „Selbstportrait mit Pelzjacke“ von Albrecht Dürer nicht einmal für die Dauer einer großen Ausstellung in die Heimatstadt des Meisters ausleihen. Der Transport sei zu riskant. Die Franken zeigen sich empört; denn sie wollten dieses einzigartig vollendete Gesicht unbedingt in einer großen Dürer-Ausstellung im Germanischen Nationalmuseum Nürnberg betrachten.

Ein halbes Jahr vorher, im Herbst 2011, war eine andere Sammlung von Portraits aus der Zeit um 1500 in der Berliner Ausstellung „Gesichter der Renaissance“ zu sehen. Diese Ausstellung enthielt unter anderem Leonardo da Vincis Gemälde „Dame mit dem Hermelin“. Massen von Menschen wollten die Bilder damals wenigstens einmal kurz in Augenschein nehmen.

Warum wohl wollen so viele Menschen in aller Welt heute diese Darstellungen von Gesichtern betrachten und kämpfen um deren Präsenz in ihren Städten? Sind sie möglicherweise auf der Suche nach einem echten, profilierten Gesicht? Selbst gesichtslos geworden und in einer gesichtslosen Gesellschaft lebend, blicken sie zurück auf eine Zeit, in der das inspirierte, individuelle menschliche Antlitz entdeckt wurde, in der man nach einem vertieften, von Schicksalsmomenten gezeichneten Menschenbild auf der Suche war?

Interessanterweise erfuhr man im Begleit-Kommentar zur „Dame mit dem Hermelin", dass Leonardo die Züge der Konterfeiten mit seiner raffinierten „Sfumato-Technik" erfasst habe: Die Winkel um Augen und Mund seien nicht scharf konturiert, sondern in einen zarten Dunst gehüllt, der den Betrachter dazu veranlasse, jene ihm präsentierten Bereiche beim Anschauen gleichsam erst entstehen zu lassen. Es war Leonardo – wohl in einem Augenblick der Inspiration – wichtig, Charakter und Geist nicht nur im Bild, sondern auch in seinem Betrachter zu erzeugen.

All dies scheint heute zu fehlen. Vor einiger Zeit wurde in einer Tageszeitung eine allzu deutliche Fotografie abgedruckt, auf der eine Reihe junger Mädchen zu sehen war, die an einer Miss-Wahl teilnehmen wollten. Kritisch wurde angemerkt, dass die kleinen Blondinen im Grunde alle gleich aussähen.

Gibt es wirklich keine wahrhaft individuellen Gesichter, überhaupt keine Individualität und individuelle Schicksale mehr, wie sie José Ortega y Gasset schon 1930 und Erich Fromm noch 1956 vermissten?[261] Haben die Menschen möglicherweise deshalb ihr „Profil" verloren, weil ihnen eben die genannte geistige Auseinandersetzung fehlt, das „Ideenhaltige", die Inspiration in Schicksalsmomenten, die sie zu echten Persönlichkeiten, zu Charakteren macht? Deshalb wird inzwischen wohl so häufig von „Ausstrahlung" und „Charisma" gesprochen und geschrieben, ja, man schwärmt geradezu von diesen Wesenszügen einzelner Persönlichkeiten – weil sie kaum mehr vorhanden sind, aber jeder nach ihnen sucht, bis zurück zu den Gemälden der Renaissance oder gar zu den Statuen der Antike, wie ein weiterer Ansturm des Publikums auf eine Ausstellung im Pergamon-Museum in Berlin zeigte.

Diverse Vermummungen

Viele weitere Belege für die entstandene Gesichtslosigkeit könnte man anführen. Auf der Titelseite einer gehobenen Tageszeitung war vor einiger Zeit ein Foto von Demonstranten abgedruckt, die allesamt Masken trugen, zudem merkwürdige Hüte und bemalte Gesichter. Im Gegensatz zu den Masken des antiken Theaters oder den Masken im Karneval von Venedig lassen jene Masken ihre Träger ins Allgemeine, in eine gleichgültige Buntheit versinken. Dem Inhalt, den sie vermitteln wollen, geht es gleichermaßen: Er wird erst gar nicht richtig wahrgenommen und fällt dann schnell ganz dem Vergessen anheim. Die Demonstranten versuchen deshalb, die nicht sichtbaren Gesichter mit Lärm zu kompensieren: Viele pfeifen oder blasen in durchdringlich röhrende Tuben, die bei aller Lautstärke jedoch nicht gegen das allgemeine, sinnlose Geschrei unserer Zeit anzukommen vermögen.

Beim Nachlesen findet man heraus: Die Demonstration einer neu gegründeten Partei richtete sich gegen ein Gesetz zum Urheberrecht, das Autoren schützen soll. Klar, ein Autor, einer der Menschen mit Gesicht und innerer Tiefe, aus der er seine Kraft zu schöpfen vermag, ist der große Gegner jener gesichtslosen, oberflächlichen Gesellschaft.

Vor Jahren gab es einen Streit um das sogenannte „Vermummungsverbot“ bei Demonstrationen. Die Polizei wollte grundsätzlich die Teilnehmer von Kundgebungen identifizieren und bei möglichen Straftaten dingfest machen können, auch im Nachhinein. Aus diesem Grund wurden Demonstrationen gefilmt und sogar Archive von journalistischen Fotografen durchsucht, wenn während der Kundgebung Straftaten vorgekommen waren und die Journalisten möglicherweise ein Foto von einem der Täter gemacht hatten.

Die Täter wollten das nicht. Sie wollten auftreten auf der öffentlichen Bühne, aber ohne Gesicht. Nur selten wurde in der Öffentlichkeit noch über die Auftritte einzelner Demonstranten diskutiert, zum Beispiel über den Steine werfenden Joschka Fischer, später Außenminister der Bundesrepublik Deutschland – vielleicht eines der letzten Gesichter unter den Demonstranten vor der Ausbreitung der gesichtslosen Gesellschaft.

Man erkennt ja kaum mehr jemanden draußen, auf der Straße oder im Park. Die Leute grüßen einen aus Autos heraus, deren Scheiben spiegeln und getönt sind, so stark jedenfalls, dass man die Gesichter nicht erkennen kann. Sie haben Sonnenbrillen auf, sind geschminkt, tragen Kleidung mit modisch hohen Kragen, Halstücher oder Schals, die das Erkennen nur schwer oder gar nicht erlauben. Auch Hüte werden wieder getragen, sogar in Innenräumen. Viele Hemden oder Shirts sind mit grellen Schriftzügen oder Zeichen versehen, die vom Gesicht ablenken. Im Park oder auf dem Fahrrad tragen die Leute Sportkleidung, oft mit übergroßen Schutzbrillen unter Helmen. Auch Mützen sind in den kälteren, ja sogar in nicht so kalten Jahreszeiten modern geworden. Manche tragen fast immer Mützen, die so wirken, als seien sie Bankräuber, illegal operierende Sprayer oder Teilnehmer an einer Demonstration, bei der sich jeder vermummen will. Ein Epoche machender „Schicksalsmoment" scheint eine Sprayer-Aktion aber noch niemals gewesen zu sein.

Sogenannte Schönheitsoperationen, die außergewöhnliche Formen im Gesicht an die allgemeine Gefälligkeit anpassen sollen, merzen jegliche Individualität aus. Vor allem weibliche Nasen, bei denen man es genießen könnte, auf ihnen mit dem Blick entlangzufahren und Unebenheiten, Vertiefungen oder Erhebungen aller Art wahrzunehmen, werden von einer ganzen Branche innerhalb der Medizin unbarmherzig, weil gewinnbringend ausgeglichen und damit ihrer Individualität beraubt. Die weiblichen „Gesichter der Renaissance" hatten sehr oft ganz markante Nasenrücken, die stolz in einer Seitenansicht zur Schau gestellt wurden.

Männliche Figuren des öffentlichen Lebens sind heute ebenso geschminkt wie Frauen, sodass man sie bisweilen kaum vom anderen Geschlecht unterscheiden kann. Es ist jedenfalls nicht vorstellbar, dass sie Augenblicke der Inspiration oder gar Schicksalsmomente hatten oder noch haben werden.

Ein Blick zurück in die jüngere Zeitgeschichte

Wer hat heute ein vergleichbar einprägsames Gesicht wie die genannten Damen der Renaissance? Denken wir an einige Schauspielerinnen des vergangenen Jahrhunderts mit ihren unvergesslichen Gesichtern, geprägt von allseits bekannten Schicksalsmomenten, an Diven wie Ingrid Bergmann, Marlene Dietrich, Greta Garbo, Audrey Hepburn, Grace Kelly, Hildegard Knef, Sophia Loren, Romy Schneider oder Elizabeth Taylor – unvergleichlich individuelle Gesichter, denen das beginnende 21. Jahrhundert recht wenig an die Seite zu stellen vermag. Das erkennt man unter anderem daran, dass sich viele Filme, Bücher, öffentliche Diskussionen und Gespräche mit der Frage beschäftigen, was wohl das Besondere, das Herausragende dieser Gesichter ihres Jahrhunderts gewesen sein mag. Sie waren weltberühmt und sie waren über alle „Fangruppen" hinweg hoch geschätzt, ja verehrt.

Laut einer Zeitungsnachricht übernahm jetzt eine Enkelin von Grace Kelly die Aufgabe, „das Gesicht" der Firma G. zu sein, einer Modefirma. Man muss zugeben, dass die junge Frau äußerst gut aussieht. Wenn man versucht, ihr mehr Kontur zu geben, und nachforscht, womit sie sich beschäftigt, kommt heraus, dass sie reite und Journalistin sei. Von ihren journalistischen Arbeiten war jedoch noch kaum etwas zu vernehmen. Im Internet waren nur Links auf Abbildungen von ihr zu finden.

Man kann die Liste von bedeutenden Gesichtern des letzten Jahrhunderts freilich genauso auf männliche Persönlichkeiten ausdehnen, welche andererseits leider manchmal in negative Entwicklungen, sogar in die NS-Zeit, verstrickt waren – und doch ob ihrer sogenannten Ausstrahlung im Gedächtnis vieler Menschen geblieben sind. Dieses Paradoxon gilt vor allem für manche Musiker, zum Beispiel die Dirigenten Wilhelm Furtwängler oder Herbert von Karajan. Aber auch Schauspielerinnen und Schauspieler wie Zarah Leander, Heinrich George, Heinz Rühmann oder Gustav Gründgens zählen dazu.

Carl Zuckmayer, selbst ein markantes Gesicht des 20. Jahrhunderts, der als Emigrant sehr wohl Schicksalsmomente durchlebt hat, gab einen interessanten Einblick in die deutschen „Gesichter" der NS-Zeit. 1939 war er in die USA emigriert und charakterisierte dort 1943/44 im Auftrag eines Geheimdienstes eine große Anzahl von Persönlichkeiten.[262] Heinz Rühmann bewertete er zum Beispiel „Positiv", den Schauspieler Heinrich George als „Negativ" und Wilhelm Furtwängler als „Sonderfall".

Wenn man heute jüngere Menschen nach dem einen oder anderen Gesicht eines Künstlers der Gegenwart fragt, den sie schätzen, dann werden einzelne Personen genannt, beispielsweise der Sänger und Schauspieler Herbert Grönemeyer, der zeitweise ein schweres Schicksal hatte. Für die genannten Personen interessiert sich aber nur eine bestimmte Gruppe. Andere haben kein Faible für sie, sie haben ihre eigenen „Stars", etwa im Bereich des Fußballs, einer ganz speziellen Musiksparte, in der Mode, im Film, im Kabarett, in einer beliebigen Sportart, seltener in der Politik oder gar im kirchlichen Bereich. Übergreifend bewunderte Persönlichkeiten, deren Weltanschauungen und Schicksalsmomente man kennt, gibt es kaum noch.

Das Gesicht des Jahrhunderts

1998 erschien das Buch „Das Gesicht des Jahrhunderts. Monster, Retter und Mediokritäten", geschrieben von dem Historiker Hans-Peter Schwarz (Berlin 1998). Darin findet man unter anderem Abbildungen von Konrad Adenauer und Willy Brandt, und man fragt sich, ob es jemals wieder so unvergessliche Gesichter, so starke politische Persönlichkeiten geben wird, mit deren Inhalten man sich – bei aller denkbaren Opposition – so intensiv wird auseinandersetzen müssen.

Insgesamt empfindet man das Buch von Schwarz, gerade wegen seines Titels, als eine Art Rückblick auf jene Zeit, als Politiker noch Gesichter hatten, wobei man sagen muss, dass Hitlers Gesicht – von seinem Leibfotografen peinlich genau und treffend entblößt – als das abgeschmackteste, ja geradezu lächerlichste überhaupt bezeichnet werden muss, das nichts Monströses hat, ebenso wenig wie das banale Gesicht Adolf Eichmanns zum Beispiel, wohingegen das Bild von Charlie Chaplin aus allen anderen unvergleichlich differenziert und grandios herausragt.

Wie ist es nun dazu gekommen? Warum sind wir eine doch recht gesichtslose Gesellschaft geworden? Sicher hängt das zusammen mit der „geschichtslosen Gesellschaft", einer Gesellschaft ohne Verhältnis zur Geschichte, zu der wir ebenfalls geworden sein mögen, zumindest nach der Behauptung des Kulturkritikers Francis Fukuyama, der 1992 das „Ende der Geschichte" erblicken wollte. [263]

Richtig ist unbestreitbar, dass 1989, mit dem Fall der Mauer, eine lange Phase der Geschichte, nämlich der globale Ost-West-

Konflikt bisheriger Prägung, sein Ende fand, der nicht nur ein militärischer Konflikt, sondern auch eine globale geistige Auseinandersetzung war.

Wer sich damals nicht einfachhin als Kommunist einerseits oder liberaler Vertreter des „Westens" andererseits abstempeln lassen wollte, gewann deutlich an Profil. So erging es zum Beispiel manchen westlichen Linksintellektuellen, die nur dadurch, dass sie den Kommunisten etwas näherstanden als der biedere Bürger des Westens, Aufsehen erregten. Schnell gerieten sie ja in Gefahr, als Staatsfeinde zu gelten – wie der Spiegel-Herausgeber Rudolf Augstein 1962 – und sogar die Sicherheit des Landes zu gefährden. Zu dieser Gruppe zählten so manche Soziologen oder Philosophen der „Frankfurter Schule", wie Marcuse, Adorno oder Habermas, die sich im Nachhinein eher als System-bewahrend erwiesen.

Wer auch nur mit geringsten Signalen eine gewisse Kommunistenfreundlichkeit andeutete, wurde mit „dem Osten" in Verbindung gebracht. Überraschenderweise stellte sich nach dem Mauerfall heraus, dass einzelne Intellektuelle, Publizisten oder gar Terroristen tatsächlich aus dem Osten, und zwar ganz konkret aus der DDR, mit Geld unterstützt und ideologisch-geheimdienstlich geführt worden waren. Mancher prominente Spion wurde schon vor dem Mauerfall enttarnt und aufsehenerregend auf der Glienicker Brücke in Potsdam ausgetauscht – Personen, die im Grunde sehr bieder aussahen, weil sie ja nicht auffallen wollten. Manche allerdings wurden in packenden Romanen und Verfilmungen charakterisiert.

Es war ein Meisterstück des genialen britischen Schauspielers Sir Alec Guinness, in seiner Filmrolle als George Smiley (1965) die für einen Spion nötige Unscheinbarkeit und Gesichtslosigkeit dermaßen zur Schau zu stellen, dass eine außergewöhnliche Faszination und Inspiration von ihm ausging.[264]

Es war sicher so, wie es Eberhard Rathgeb in seinem Buch „Die engagierte Nation“[265] ausdrückte, dass man vor dem Ende des Ost-West-Konflikts nicht für eine belanglose und unverbindliche Talkshow diskutierte, sondern dass es „Existenz-Diskussionen“ waren, dass also ein Intellektueller in eine öffentliche geistige Auseinandersetzung seine gesamte Existenz einbrachte, dass er dabei seine Anerkennung, ja sogar seine juristische Unbescholtenheit oder seinen Ruf als Künstler, Wissenschaftler oder Intellektueller aufs Spiel setzte – und sich gerade damit profilierte, also ein Gesicht bekam.

Unter anderem waren es auch die Restriktionen der katholischen Kirche, die so manchen Theologen ein zusätzliches Profil, ein unverwechselbares Gesicht verliehen haben. Dazu gehörte neben Hans Küng, den kirchliche Restriktionen durchaus wie ein Schicksalsschlag trafen, der Theologe Eugen Drewermann, bei dem man den Eindruck hatte, dass er jeden neuen „Kirchenbann“ wie einen Triumph feierte; steigerte dieser doch die Auflagen seiner Bücher in die Hunderttausende. Gerade durch das gegen ihn ausgesprochene Lehrverbot strömten die Menschen in seine Vorträge, und er belehrte sie in vollen Sälen.

Ein Buch von Eugen Drewermann trägt den Titel: „Die Botschaft der Frauen“.[266] Auf dem Titelbild erkennt man ein Gemälde von Leonardo da Vinci, das unter anderem Maria mit dem Jesuskind, ergänzt durch die heilige Anna, darstellt. Die Gesichter der Frauen sind wiederum in der Sfumato-Technik gemalt (s. S. 130).

In seinem Vorwort schreibt er: „Es gibt Texte im Neuen Testament, die vorzutragen eigentlich nur Frauen möglich ist.“ Interessant. Dadurch wird aber Männern, im Grunde auf ideologische Weise, das Gesicht entzogen, den Männern, die in unserer „Vaterlosen Gesellschaft“ (Alexander Mitscherlich, 1963) sowieso um eine Neuorientierung zu kämpfen haben.

Ein 2012 erschienenes Buch zeigt ebenfalls ein Gesicht auf dem Umschlag, aber es trägt den Titel: „Der Mann ohne Gesicht: Wladimir Putin – Eine Enthüllung"[267]. Es soll wohl nachgewiesen werden, dass hinter der Fassade des scheinbar demokratischen Politikers nach wie vor der frühere Spion mit dem bloßen Machtkalkül waltet, dessen wahres Gesicht notdürftig verhüllt wird.

Keine Existenz-Debatten

Bei vielen heutigen Jugendlichen sind die Debatten der engagierten deutschen Nation à la Rathgeb, die ihr ein Gesicht verliehen, entweder vergessen oder zum bloßen Schulstoff herabgesunken, mit dem man sich nicht ernsthaft innerlich auseinandersetzt. Einen klassischen Schicksalsmoment lösen sie nicht aus. Das gilt jedenfalls für die Jugend des „Westens" – eine Kultur, auf die auch der Historiker Heinrich August Winkler mit seinem zweibändigen Werk über die „Geschichte des Westens" (München 2009 und 2011) zurückblickt. In Interviews bezeichnet der profilierte Geschichtswissenschaftler das Phänomen „Westen" als eine fortwirkende Kulturgemeinschaft.

Die westliche Jugend würde aber keine Steine mehr werfen und Schicksalsmomente erleiden für ein ausgeprägtes Gedankengebäude, für eine geistige Strömung mit einem großen weltanschaulichen Hintergrund. Sie würde nicht mehr demonstrieren für die Freiheit in einem geistig geeinten Europa, wie es in den 1950er-Jahren geschah; oder für die Aufarbeitung der Vergangenheit, für die sich etwa Theodor W. Adorno, Karl Jaspers, Hannah Arendt oder Alexander Mitscherlich eingesetzt haben. Sie entwerfen keine neuen, provozierenden und die eigene Existenz riskierenden Thesen mehr. Sie streiten nicht mehr um den geistigen Horizont eines Schulsystems oder den Bildungsbegriff Wilhelm von Humboldts im Vergleich zu modernen Entwürfen zwischen Klassik, Industrialisierung, Bürgertum und dem Relativismus in der „Erlebnisgesellschaft" (Gerhard Schulze, 1992).

Es geht in der heutigen „Expertenkultur", in der sich unter anderem die Wissenschaft aus dem öffentlichen Leben herausgelöst hat[268] , wie gesagt, vornehmlich um Dinge wie Effizienz, praktisch-wirtschaftliche und technische Fragen, die meist im Rahmen des sogenannten globalen Wettbewerbs gesehen werden, in dem „wir" uns behaupten müssten. Umfassende weltanschauliche Systeme – Religionen, Ideologien, echte Philosophien – werden seit Ende des Kalten Kriegs kaum mehr in der großen Öffentlichkeit, außerhalb der Akademien, der wissenschaftlichen Bücher und Zeitschriften beziehungsweise den führenden Feuilletons mit existenziellem Einsatz und vertieft diskutiert. Selbst in der Wissenschaft beherrschen Dokumentationen, Statistiken und Erhebungen aller Art das Feld.

Inspirierte Persönlichkeiten der jüngeren Zeitgeschichte

Man muss ein paar Jahre zurückblicken, um Ausnahmen zu finden. Sie gehören mit ihrer Lebenszeit dem 20. Jahrhundert an, sind aber in unserer Erinnerung noch so präsent, dass sie unseren unterscheidenden Blick für die Persönlichkeiten der Gegenwart schärfen können. Viele von ihnen hatten wohl ebenfalls den einen oder anderen „Schicksalsmoment" in ihrem Leben. Häufig sind diese Geister nur einer kleinen Öffentlichkeit bekannt geworden.

Zu ihnen gehören, außer den oben genannten, Theologen wie der in Verona geborene Romano Guardini (1885–1969), der große

Denker Karl Rahner (1904–1984), der Exeget Rudolf Schnackenburg (1914–2002) und der Historiker Norbert Brox (1935–2006).

In der deutschen Literatur sind als herausragende, bereits verstorbene Persönlichkeiten der jüngeren Zeitgeschichte neben dem schon erwähnten Carl Zuckmayer (1896–1977), Hermann Hesse (1877–1962) und Wolfgang Borchert (1921–1947) zu erwähnen. Ein Paar bildeten zeitweise Paul Celan (1920–1970) und Ingeborg Bachmann (1926–1973), wobei Letzterer eine nähere Bekanntschaft mit Thomas Bernhard (1931–1989) nachgesagt wird. Darüber hinaus darf man freilich nicht den genialen Einzelgänger Arno Schmidt (1914–1979) mit seiner experimentellen Literatur unerwähnt lassen.

In der ausländischen Literatur wären zumindest Giorgio Bassani (Italien, 1916–2000), Federico Garcia Lorca (Spanien, 1898–1936), Alexander Solschenizyn (Russland, 1918–2008) und Harold Pinter (England, 1930–2008) als Persönlichkeiten mit Profil und inspirativen Augenblicken herauszuheben; Giorgio Bassani auch deshalb, weil er in seinem Roman „Die Gärten der Finzi-Contini“ (1962) einige der bewegendsten Liebes-Augenblicke der Literaturgeschichte erzählerisch eingefangen hat. Als Europäer erscheint der in Irland geborene, aber vielfach französisch schreibende Samuel Beckett, der 1906 in Dublin geboren wurde und 1989 in Paris starb.

Eindrucksvolle französische Schriftsteller und Philosophen waren Jean-Paul Sartre (1905–1980) und Albert Camus (1913–1960), der in wunderbarer Prosa die Inspiration feierte, welche von der Kulturlandschaft des Mittelmeers ausgeht.[269] Sartre war mit dem Arzt und Philosophen Albert Schweitzer (1875–1965) verwandt, der in den 1950er-Jahren allenthalben als großes Vorbild galt.

Weitaus berühmter als die Liebes-Augenblicke Bassanis wurden die Liebeserlebnisse mit der sprichwörtlich gewordenen

„Lolita", einer Romanfigur (1955) des unter anderem in den USA lebenden Russen Vladimir Nabokov (1899–1977). Hier arbeitete auch sein Zeitgenosse Ernest Hemingway (1899–1961), wenn er nicht gerade in Europa oder Afrika unterwegs war. Einer der bedeutendsten US-Amerikaner seiner Zeit war Tennessee Williams (1911–1983), der unter anderem ganz wunderbar eine Frauenfigur als „Katze auf dem heißen Blechdach" darstellte (1958).

Frauengestalten wie Camille Claudel (1864–1943), Gabriele Münter (1877–1962), Hannah Arendt (1906–1975), Frida Kahlo (1907–1954) und Simone de Beauvoir (1908–1986) haben viele innere Auseinandersetzungen durchlebt und durch ihre Ideen vielleicht eine neue Epoche begründet. Im Bereich der Naturwissenschaften, der Kunst und der Philosophie könnte man die Reihe noch weiter fortsetzen.

Angesichts der hier genannten Beispiele scheint übertriebener Kulturpessimismus unangebracht. Worin läge die Lösung? Laut Franz Prinz zu Sayn-Wittgenstein drückte Carl Jacob Burckhardt (1891–1974) einmal aus, dass wir heute leider unter einer abstrakten Staatsgewalt lebten, „die kein menschlich bewegtes Gesicht mehr besitzt, kein Gesicht, welches diese amorphe Menge anblickt, um den Einzelnen aus ihr herauszuholen"[270]. Es käme also darauf an, uns von den „bewegten Gesichtern" der jüngeren Zeitgeschichte angeblickt zu fühlen und in Schicksalsmomenten inspirieren zu lassen.

Literaturtipps

Er aß und kam wieder zu Kräften

Eugen Biser: Paulus. Zeugnis, Begegnung, Wirkung, Darmstadt 2003.

Raymond E. Brown u.a. (Hrsg.): Der Petrus der Bibel. Eine ökumenische Untersuchung. Eingeleitet v. Ferdinand Hahn u. Rudolf Schnackenburg, Stuttgart 1976.

Norbert Brox: Kirchengeschichte des Altertums, 6. Aufl., Düsseldorf 1998 (=Leitfaden Theologie, Bd. 8).

Josef Ernst: Lukas. Ein theologisches Porträt, Düsseldorf 1985.

Klaus Haacker: Paulus, der Apostel. Wie er wurde, was er war, Stuttgart 2008.

Walter Kirchschläger: Kleine Einführung in das Neue Testament, Stuttgart 2012.

Wolfgang Kraus/Martin Karrer (Hrsg.): Septuaginta Deutsch. Das griechische Alte Testament in deutscher Übersetzung, Stuttgart 2009.

Eduard Lohse: Paulus. Eine Biographie, München 2003 (= Beck'sche Reihe, Bd. 1520).

Juan Peter Miranda: Kleine Einführung in die Geschichte des frühen Christentums, Stuttgart 2010.

Bernd Moeller: Geschichte des Christentums in Grundzügen, 10., völlig neu bearb. Aufl., Göttingen 2011 (= UTB, Bd. 905).

Der ruhige und der unruhige Gott

Augustinus: Confessiones/Bekenntnisse. Lateinisch und deutsch, München 1955.

Augustinus: Über den Wortlaut der Genesis. Der große Genesiskommentar in zwölf Büchern. Hrsg. u. übers. v. Carl Johann Perl, 2 Bde., Paderborn 1961 (I) und 1964 (II).

Otto A. Böhmer: Sternstunden der Philosophie. Schlüsselerlebnisse großer Denker von Augustinus bis Popper, 3. unveränd. Aufl., München 1995.

Wilhelm Geerlings: Augustinus – Leben und Werk. Eine bibliographische Einführung, Paderborn u. a. (Ferdinand Schöningh) 2002.

Christoph Horn: Augustinus, München 1995 (= Beck'sche Reihe Denker).

Lexikon für Theologie und Kirche (LThK), 3., völlig neu bearb. Aufl., hrsg. v. Walter Kasper u. a., 11 Bde., Freiburg 2006.

Heinrich August Winkler: Geschichte des Westens. Von den Anfängen in der Antike bis zum 20. Jahrhundert, München 2009.

„Mitten wir im Leben sind mit dem Tod umfangen"

Luther Deutsch. Die Werke Martin Luthers in neuer Auswahl für die Gegenwart, Bd. 1–10, 2., hrsg. v. Kurt Aland, durchges. Aufl. 1983, Göttingen 1983.

Martin Luther: Ausgewählte Schriften, Bd. I–VI, hrsg. v. Karin Bornkamm und Gerhard Ebeling, in Gemeinschaft mit Oswald Bayer u. a., Frankfurt 1982.

Martin Luther: An den christlichen Adel deutscher Nation. Von der Freiheit eines Christenmenschen. Sendbrief vom Dolmetschen. Hrsg. v. Ernst Kähler, Nachw. v. Johannes Schilling, Stuttgart 2012.

Martin Luther: Lob des irdischen Friedens. Hrsg. v. Klaus Berger, Frankfurt am Main und Leipzig 2004.

Martin Luther: Tischreden. Hrsg. v. Kurt Aland, Stuttgart 1981.

Martin Luther: Vom ehelichen Leben und andere Schriften über die Ehe. Hrsg. v. Dagmar C. G. Lorenz, Stuttgart 2006.

Martin Luther: Von der Freiheit eines Christenmenschen. Studienausgabe, hrsg. v. Gesche Linde, Stuttgart 2011.

Martin Luther: Lektüre für Augenblicke. Ausgewählt von Walter Sparn, Frankfurt am Main 2004.

Luther-Chronik. Daten zu Leben und Werk. Zusammengestellt v. Andrea von Dülmen, München 1983.

Luther für Christen. Eine Herausforderung. Einl. v. Walter von Loewenich. Textauswahl Peter Manns, Freiburg 1986.

Luther zum Vergnügen. Hrsg. v. Johannes Schilling, Stuttgart 2011.

Martin Luther und die Musik. Wiener Motettenchor, Musica Antiqua Wien, Bernhard Klebel, Wien 1982 / Heidelberg 1992 (= Musik-CD mit Beiheft).

Christian Feldmann: Martin Luther, Reinbek bei Hamburg 2009 (= rowohlts monographien, Bd. 50706).

Richard Friedenthal: Luther. Sein Leben und seine Zeit, München 1974.

Heinz Schilling: Martin Luther. Rebell in einer Zeit des Umbruchs. Eine Biographie, München 2012.

„Wir wollen uns einmal nie trennen"

Kinder- und Hausmärchen, gesammelt durch die Brüder Grimm. Vollständige Ausgabe auf der Grundlage der dritten Auflage (1837). Hrsg. von Heinz Röllecke, 2. Aufl., Frankfurt 2001.

Heinz Rölleke: Die Märchen der Brüder Grimm. Eine Einführung, Stuttgart 2004.

Hans-Georg Schede: Die Brüder Grimm, München 2004.

„Alles still hier"

Theodor Fontane: Wanderungen durch die Mark Brandenburg. Hrsg. v. Helmuth Nürnberger. 3 Bde., München 1991.

Theodor Fontane: Wanderungen durch die Mark Brandenburg. Erster Teil. Die Grafschaft Ruppin. Hrsg. v. Gotthard Erler u. Rudolf Mingau, 2. Aufl., Berlin 2005 (große Brandenburger Ausgabe in 8 Bänden).

Theodor Fontane: Wanderungen durch England und Schottland, 2 Bde., 3. Aufl., Berlin 1998.

Theodor Fontane: Der Stechlin. Roman, Zürich 1975 (Manesse Bibliothek der Weltliteratur).

Theodor Fontane: Der Dichter über sein Werk. Hrsg. v. Richard Brinkmann in Zusammenarbeit mit Waltraud Wiethölter. 2 Bde., München 1977.

Charlotte Jolles: Theodor Fontane, 2. Aufl., Stuttgart 1976.

Friedrich Schiller: Maria Stuart. Ein Trauerspiel, durchgesehene Ausg., Stuttgart 2001.

Walter Scott: Der Abt oder Maria Stuarts Glück und Ende. Roman in zwei Bänden, Hamburg o. J.

Edda Ziegler, unter der Mitarbeit von Gotthard Erler: Theodor Fontane. Lebensraum und Phantasiewelt. Eine Biographie, Darmstadt 1996.

Stefan Zweig: Maria Stuart, Frankfurt 1985.

Poetische Naturbilder im politischen Widerstand

Inge Jens (Hrsg.): Hans Scholl, Sophie Scholl. Briefe und Aufzeichnungen, Frankfurt 1984.

Harald Steffahn: Die Weiße Rose, Reinbek bei Hamburg 1992.

Heinrich August Winkler: Geschichte des Westens. Die Zeit der Weltkriege 1914–1945, München 2011.

Nicht jeder wird vom Mönchsbrot satt

Christian Feldmann: Henri Nouwen. Glaube heißt Sehnsucht, Freiburg im Breisgau 2006.

Wunibald Müller: Erinnerungen an Henri Nouwen, Münsterschwarzach 2012.

Henri J.M. Nouwen: Das letzte Tagebuch, Freiburg im Breisgau 2000.

Henri J.M. Nouwen: Ich hörte auf die Stille. Sieben Monate im Trappistenkloster, 2. Aufl., Freiburg im Breisgau 2007 (= HERDER spektrum, Bd. 5

Henri Nouwen: In einem anderen Licht. Von der Kunst d. Lebens und Sterbens. Hrsg. von Andreas Schwarz, Freiburg im Breisgau 2006.

„Ich sing für die Verrückten"

Martin Buchholz: Was machen wir hinterher? Hanns Dieter Hüsch – Bekenntnisse eines Kabarettisten, Moers 2005.

Hanns Dieter Hüsch: Das schwarze Schaf vom Niederrhein. Texte und Lieder vom flachen Land, 10. Aufl., München 1997 (= HEYNE ALLGEMEINE REIHE, Bd. 01/6639).

Hanns Dieter Hüsch: Das Schwere leicht gesagt. Mit e. Vorw. hrsg. v. U. Seidel, 6. Aufl. d. Jubiläumsausg., Freiburg 2012 (= HERDER spektrum, Bd. 5911).

Hanns Dieter Hüsch: Du kommst auch drin vor. Gedankengänge eines fahrenden Poeten [Erinnerungen], 6. Aufl., München 1992 (= Knaur-Tb., Bd. 75004).

Hanns Dieter Hüsch: Frieda auf Erden. Die besten Frieda-Geschichten, Düsseldorf 2005.

Hanns Dieter Hüsch: Ich möchte ein Clown sein. Sein literar. Kabarett. 42 seiner schönsten frühen Lieder, Gedichte u. Geschichten. Lyrik u. Prosa zwischen den Stühlen. Hrsg. v. J. Wichmann, 3. Aufl., Düsseldorf 2012.

Hanns Dieter Hüsch: Wir sehen uns wieder. Geschichten zwischen Himmel und Erde, München 1995.

Jürgen Kessler (Hrsg.): Hanns Dieter Hüsch. Kabarett auf eigene Faust. 50 Bühnenjahre, vollst. aktualis. Taschenbuchausg., München 2000 (= GOLDMANN-Tb., Bd. 15064).

Jürgen Schmude / Wilhelm Brunswick (Hrsg.): „Untersteht euch – es wird nix gemacht!". Hanns Dieter Hüsch zum 80sten, Moers 2005.

Georg Schwikart: Der Kabarettist. Wie Hanns Dieter Hüsch den lieben Gott zum Schmunzeln brachte. Hrsg. v. U. Birnstein in d. Reihe „wichern porträts", Berlin 2010.

Bankrotterklärung für Managementkurse, Marktanalysen und Globalisierungstheorien

Walter Isaacson: Steve Jobs. Die autorisierte Biografie des Apple-Gründers, 2. Aufl., München 2012.

Steve Wozniak mit Gina Smith: iWoz. Wie ich den Personal Computer erfand und Apple mitgründete, München 2007.

Jeffrey Young/William L. Simon: Steve Jobs und die Erfolgsgeschichte von Apple, 6. Aufl., Frankfurt 2011.

Nachrichtenmagazin „Der Spiegel", Hamburg, Nr. 17, 26.4.2010.

Fußnoten

Einleitung
Von Paulus aus Tarsus bis Steve Jobs

1 Walter Killy: Elemente der Lyrik, München 1972, S. 21-39.

2 Johann Wolfgang Goethe: Gedichte. Vollständige Ausgabe, J.G. Cotta'sche Buchhandlung Nachfolger, Stuttgart, gegründet 1659, o. J., S. 304f.

3 Zitiert nach „Goethe erzählt sein Leben. Nach Selbstzeugnissen Goethes und Aufzeichnungen seiner Zeitgenossen", zusammengestellt von Hans Egon Gerlach und Otto Herrmann, München 1972, S.7.

4 Thomas Steinfeld: Der Sprachverführer. Die deutsche Sprache: was sie ist, was sie kann, ungekürzte Ausgabe, München 2012, S. 143.

5 Vittorio Hösle: Die Krise der Gegenwart und die Verantwortung der Philosophie. Transzendentalpragmatik, Letztbegründung, Ethik, 3., um ein Nachwort für diese Ausg. erw. Aufl., München 1997 (= Beck'sche Reihe 1174), S. 53: „Das Beängstigende ist vielmehr, dass jene Weltanschauung [Christentum bzw. alte, legitimierende Weltanschauung] immer schneller zerbröckelt, ohne dass eine neue nachgekommen oder auch nur in Sicht ist."

6 Joachim Fest: Nach dem Scheitern der Utopien. Gesammelte Essays zu Politik und Geschichte, Reinbek bei Hamburg 2007.

7 Siehe zum Beispiel sein „Höhlengleichnis". In: Texte zur Antike. Von Platon bis Heisenberg. Hrsg. v. Otto Leggewie u.a., Freiburg 1967, S. 139-142.

8 Hösle: Krise, aaO.

9 Stefan Kornelius: Hässliche neue Welt. In: Süddeutsche Zeitung, 69. Jahrgang, 5. Woche, Nr. 28, 2./3. Februar 2013, S. 4 (Leitartikel).

10 Johann Wolfgang Goethe: Gedichte (wie oben), S. 494.

Er aß und kam wieder zu Kräften
Apostel Paulus (5/10–63/64)

11 Romano Guardini: Jesus Christus, in: Paulus für Christen. Eine Herausforderung. Einleitung u. Textauswahl v. Eugen Biser, Freiburg i.Br. 1985 (= Herderbücherei, Bd. 1219), S. 23.

12 Oda Wischmeyer (Hrsg.): Paulus. Leben-Umwelt-Werk-Briefe, Tübingen/Basel 2006 (= UTB, Bd. 2767), S. 123.

13 Manfred Görg/ Bernhard Lang: Neues Bibel-Lexikon, Bd. I, Düsseldorf/Zürich 1991, S. 115.

14 Wischmeyer: Paulus, aaO., S. 103.

15 Philipp Vielhauer: Geschichte der urchristlichen Literatur. Einleitung in das Neue Testament, die Apokryphen u. die Apostolischen Väter, 3. Druck, Berlin/New York 1978, S. 391.

16 Görg/Lang: Bibel-Lexikon, Bd. I, aaO., S. 140.

17 Gerhard Schneider: Das Evangelium nach Lukas. Kap. 1–10, Gütersloh u. Würzburg 1977 (= Ökumenischer Taschenbuchkommentar zum Neuen Testament. Hrsg. v. Erich Gräßer u. Karl Kertelge, Bd. 3,1, Gütersloher Tb. Siebenstern, Bd. 500), S. 31.

18 Görg/ Lang: Bibel-Lexikon, Bd. I, aaO., S. 139.

19 Schneider: Lukas, Kap. 1–10., aaO., S. 31.

20 Klaus Kliesch: Apostelgeschichte, 3. Aufl., Stuttart 1995 (= Stuttgarter Kleiner Kommentar. Neues Testament. Hrsg. v. Paul-Gerhard Müller, Bd. 5), S. 19.

21 E.P. Sanders: Paulus. Eine Einführung, Stuttgart 2009 (= Reclams Universal-Bibliothek, Bd. 18651), S. 20.

22 Claude Tresmontant: Paulus. In Selbstzeugnissen u. Bilddokumenten, 47.-50. Tsd., Hamburg 1977 (= rowohlts monographien, Bd. 23), S. 11.

23 Eduard Lohse: Umwelt des Neuen Testaments, 5., durchges. u. erg. Aufl., Göttingen 1980 (= Grundrisse zum Neuen Testament. Das Neue Testament Deutsch. Ergänzungsreihe. Hrsg. v. Gerhard Friedrich, Bd. 1), S. 87.

24 Wischmeyer: Paulus, aaO., S. 90.

25 Görg/Lang: Bibel-Lexikon, Bd. III, aaO., S. 90.

26 Lohse: Umwelt, aaO., S. 55.

27 Lohse: Umwelt, aaO., S. 83.

28 Hans Küng: Kleine Geschichte der katholischen Kirche, 2. Aufl., Berlin 2002 (= BvT, Kleine Weltgeschichte, Bd. 76039), S. 39.

29 Eduard Lohse: Paulus. Eine Biographie, München 2003 (= Beck'sche Reihe, Bd. 1520), S. 49.

30 Wischmeyer: Paulus, aaO., S. 92f.

31 Karl Baus: Von der Urgeschichte zur frühchristlichen Großkirche. Einleitung in die Kirchengeschichte v. Hubert Jedin, Sonderausg., Freiburg i.Br. 1985 (= Handbuch d. Kirchengeschichte. Hrsg. v. H. Jedin, Bd. I), S. 92.

32 Klaus Kliesch: Apostelgeschichte, 3. Aufl., Stuttgart 1995 (= Stuttgarter Kleiner Kommentar. Neues Testament. Hrsg. v. Paul-Gerhard Müller, Bd. 5), S. 68f.

33 Küng: Geschichte, aaO., S. 43.

34 Görg/Lang: Bibel-Lexikon, Bd. II, aaO., S. 403.

35 Lohse: Paulus, aaO., S.58.

36 Alfons Weiser: Die Apostelgeschichte. Kap. 1-12, Gütersloh u. Würzburg 1981 (= Ökumenischer Taschenbuchkommentar zum Neuen Testament. Hrsg. v. Erich Gräßer u. Karl Kertelge, Bd. 5,1/ Gütersloher Tb. Siebenstern, Bd. 507), S. 223.

37 Günther Bornkamm: Paulus, 4., durchges. Aufl., Stuttgart u.a. 1979 (= Urban-Tb., Bd. 119), S. 16.

38 Bornkamm: Paulus, aaO., S. 16.

39 Vielhauer: Geschichte, aaO., S. 391.

In diesem Kapitel verwendete Abkürzungen

Apg = Apostelgeschichte
Gal = Brief an die Galater
1 Kor = Erster Brief an die Korinther
2 Kor = Zweiter Brief an die Korinther
Phil = Brief an die Philipper
1 Thess = Erster Brief an die Thessalonicher

Alle Bibelzitate wurden der Einheitsübersetzung der Heiligen Schrift, Neues Testament, entnommen.

Der ruhige und der unruhige Gott
Aurelius Augustinus (354–430)

40 Augustinus: Confessiones / Bekenntnisse. Lateinisch und deutsch, München 1955 (Buch I, 1. Kapitel, 1. Abschnitt), S. 13.

41 Otto A. Böhmer: Sternstunden der Philosophie, Schlüsselerlebnisse großer Denker von Augustinus bis Popper, München, 3. unveränd. Aufl., München 1995, S. 9-12.

42 Augustinus: Confessiones, aaO. (Buch IX, 11. Kapitel, 28. Abschnitt), S. 471.

43 Walter Kasper u.a. (Hrsg): Lexikon für Theologie und Kirche (LThK), 3., völlig neu bearb. Aufl. 11 Bde., Freiburg 2006, Bd. 1, S. 1242.

44 Augustinus: Confessiones (Buch III, 3. Kapitel, 6. Abschnitt), S. 105.

45 Augustinus: Confessiones (Buch IV, 2. Kapitel, 2. Abschnitt), S. 141.

46 Augustinus: Confessiones (Buch IV, 2. Kapitel, 2. Abschnitt), S. 141.

47 Augustinus: Confessiones (Buch III, 4. Kapitel, 8. Abschnitt), S. 107.

48 Augustinus: Confessiones (Band III, 4. Kapitel, 7. Abschnitt), S. 107.

49 LThK, Bd. 1, S. 1240ff. (Stichwort „Augustinus").

50 Siehe Lexikon des Mittelalters, Bd. 6., Wissenschaftliche Buchgesellschaft, Darmstadt 2009 , S. 94f. (Stichwort „Manichäismus").

51 Heinrich August Winkler: Die Geschichte des Westens. Von den Anfängen in der Antike bis zum 20. Jahrhundert, Bd. 1, München 2009, S. 30ff.

52 Stefan Fröhling / Andreas Reuß: Die Humboldts. Lebenslinien einer gelehrten Familie, Berlin 1999.

53 LThK, Bd. 1, S. 1239 (Stichwort „Augustinus").

54 Augustinus: Confessiones (Buch V, 13. Kapitel, 23. Abschnitt), S. 233.

55 Augustinus: Confessiones (Buch XIII, 8. Kapitel, 19. Abschnitt), S. 397 und (Buch VIII, 12. Kapitel, 29. Abschnitt), S. 415.

56 Augustinus: Über den Wortlaut der Genesis. Der große Genesiskommentar in zwölf Büchern. Hrsg. und übers. von Carl Johann Perl. 2 Bde., Paderborn 1961 (I) und 1964 (II), S. 225.

57 Winkler: Geschichte, aaO., S. 19.

58 Gudrun Griesmayr (Hrsg.): Aurelius Augustinus. Unruhig ist mein Herz, München 2007, S. 86 (Im Original Kapitel 19, S. 8).

„Mitten wir im Leben sind mit dem Tod umfangen"
Martin Luther (1483–1546)

59 Martin Luther: Lektüre für Augenblicke, ausgewählt von Walter Sparn, Frankfurt am Main 2004, S. 95.

60 Kurt Aland (Hrsg.): Luther Deutsch. Die Werke Martin Luthers in neuer Auswahl für die Gegenwart (LD), Bd. 1-10, 2. durchg. Aufl. 1983, Göttingen 1983, Bd. 6, S. 247.

61 Alfred Dürr: Johann Sebastian Bach. Die Kantaten, 9. Aufl., München/Kassel/Basel/London 2005, S. 101ff. Bach, Werke-Verzeichnis (BWZ), Nr. 61.

62 LD 1, S. 24.

63 Siehe dazu das Augustinus-Kapitel in diesem Buch.

64 Termin nach neuester Darstellung, siehe Heinz Schilling: Martin Luther. Rebell in einer Zeit des Umbruchs. Eine Biographie, München 2012, S. 148ff.

65 Luther für Christen. Eine Herausforderung, Einl. v. Walter von Loewenich, Textauswahl Peter Manns, Freiburg 1986, S. 107f.

66 Andreas Kühne: Die Edition von Briefen, Urkunden und Akten in der Münchner Nicolaus-Copernicus-Gesamtausgabe. In: Beiträge zu Daphnis, Bd. 24, Editionsdesiderate zur Frühen Neuzeit. Beiträge zur Tagung der Kommission für die Edition von Texten der Frühen Neuzeit. Hrsg. v. Hans-Gert Roloff unter redaktioneller Mitarb. von Renate Meincke, 1. Teil, Amsterdam-Atlanta, Georgia 1997, S. 141.

67 Martin Luther: Lob des irdischen Friedens. Hrsg. Von Klaus Berger, Frankfurt am Main/ Leipzig 2004, S. 15.

68 Martin Luther: Ausgewählte Schriften (Ausg. S.) Bad I-VI. Hrsg. V. Karin Bornkamm und Gerhard Ebeling, in Gemeinschaft mit Oswald Bayer u.a., Frankfurt 1982, Bd. V, S. 269.

69 LThK, aaO, Bd. 8, S. 291f.

70 Ausg. S., Bd. V, S. 279.

71 LD, Bd. II, S. 323ff.

72 LD, Bd. II, S. 323f.

73 LD, Bd. IX, S. 197.

74 Bei der Ortschaft Stotternheim in der Nähe von Erfurt.

75 LD, Bd. II, S. 323f.

76 Ausg. S., Bd. VI, S. 61 (Brief aus dem Jahr 1522).

77 Ausg. S., Bd. VI, S. 111.

78 Siehe dazu das Augustinus-Kapitel in diesem Buch.

79 Schilling: Luther, S. 89f.

80 Schilling: Luther, S. 89.

81 Vergleiche Eberhard Rathgeb: Die engagierte Nation. Deutsche Debatten 1945-2005, München/ Wien 2005. Auf S. 12 schreibt er über die Intellektuellen, meist vor 1989: „Es waren nicht nur gewichtige Argumente, die sie einwarfen, sondern gleichsam ihre Existenz."

82 Siehe dazu das Augustinus-Kapitel in diesem Buch.

83 Schilling: Luther, S. 108.

84 Schilling: Luther, S. 104.

85 Thomas Kraft/Norbert Niemann (Hrsgg): Keine Lust auf Untergang. Gegen eine Trivialisierung der Gesellschaft., München 2010 (mit Beiträgen von Gert Heidenreich, Eva Menasse, Hans Pleschinski, Burkhard Spinnen, Juli Zeh u.a.). Siehe auch Vittorio Hösle: Die Krise der Gegenwart und die Verantwortung der Philosophie, 3., um ein Nachwort für diese Ausg. erw. Aufl., München 1997, S. 56–58.

86 Ausg. S., Bd. I, S. 22.

87 Gemeint: Toilette.

88 Zitiert nach Schilling: Luther, S. 148.

89 Christian Feldmann: Martin Luther, Reinbek bei Hamburg 2009 (= rowohlts monographien, Bd. 50706), S. 29.

90 Schilling: Luther, S. 147.

91 Ausg. S., Bd. I, S. 23.

92 Ausg. S., Bd. I, S. 28ff. (Liste der Thesen).

93 Luther: Luther für Christen, S. 99.

94 Jürgen Habermas: Strukturwandel der Öffentlichkeit. Untersuchungen zu einer Kategorie der bürgerlichen Gesellschaft, mit einem Vorwort zur Aufl. 1990, Frankfurt 1990.

95 LD, Bd. II, S. 13.

96 LD, Bd. V, S. 80.

97 Mit der ehemaligen Ordensschwester Katharina von Bora (1499–1552).

98 Dem hier angesprochenen Vergleich widmete sich eine eigene Abhandlung. E. Kinder: Gottesreich und Weltreich bei Augustin und bei Luther. In: Gedenkschrift für W. Elert, 1955, S. 24–42.

99 Feldmann: Martin Luther, S. 97.

100 LD, Bd. VII, S. 16.

101 Feldmann: Martin Luther, S. 97.

102 Nach Rudolf Höss, dem späteren Kommandanten des Konzentrationslagers Auschwitz, war sein Vater zwar kein Pfarrer, aber ein „fanatischer Katholik", der wollte, dass sein Sohn Geistlicher werde. Rudolf Höss: Kommandant in Auschwitz. Autobiographische Aufzeichnungen, 12. Aufl., München 1989 (= dtv dokumente), S. 24.

103 Das weiße Band – Eine deutsche Kindergeschichte, Deutschland/Österreich/Frankreich/Italien 2009, Buch und Regie: Michael Haneke.

104 Schilling: Luther, S. 592.

„Wir wollen uns einmal nie trennen"
Die Brüder Jacob (1785–1863) und Wilhelm (1786–1859) Grimm

105 Jakob (JG) an Wilhelm (WG) Grimm aus Paris 1805, zitiert nach Hans-Georg Schede: Die Brüder Grimm, München 2004, S. 26f.

106 WG an JG, nach Schede: Brüder, S. 24.

107 Aus: Der Froschkönig oder der eiserne Heinrich. Zitiert nach Kinder- und Hausmärchen (KHM), gesammelt durch die Brüder Grimm. Vollständige Ausgabe auf der Grundlage der dritten Auflage (1837). Hrsg. von Heinz Rölleke, Frankfurt 1985, S. 26.

108 KHM, aaO., S. 1158f.

109 Schede: Brüder, aaO., S. 14.

110 Schede: Brüder, aaO., S. 18.

111 Schede: Brüder, aaO., S. 18.

112 In: Süddeutsche Zeitung, München, 5./ 6.1.2005, Nr. 3, S. 2.

113 Jacob Grimm, Rede über das Alter, zitiert nach Schede: Brüder, aaO., S. 180.

„Alles still hier"
Theodor Fontane (1819–1898)

114 Theodor Fontane: Wanderungen durch die Mark Brandenburg. Hrsg. v. Melmuth Nürnberger, 3 Bde., München 1991, S. 9f., wie auch die folgenden Zitate des Vorworts.

115 Theodor Fontane: Wanderungen durch die Mark Brandenburg. Erster Teil. Grafschaft Ruppin (Große Brandenburger Ausgabe, im Folgenden GBA). Hrsg. Helmuth Nürnberger, 3 Bde., München 1991, Bd. I, S. 570.

116 Walter Scott: Der Abt oder Maria Stuarts Glück und Ende. Ein Roman in zwei Bänden. Hamburg o.J..

117 Siehe auch das Literaturverzeichnis am Ende des Buches. Zur heutigen historischen Einordnung Maria Stuarts siehe Heinrich August Winkler: Geschichte des Westens. Von den Anfängen in der Antike bis zum 20. Jahrhundert, München 2009, S. 142f.

118 Stefan Zweig: Maria Stuart, Frankfurt 1985, S. 300 f.

119 Heinrich August Winkler: Geschichte des Westens. Von den Anfängen in der Antike bis zum 20. Jahrhundert, München 2009, S. 142.

120 Theodor Fontane: Wanderungen durch die Mark Brandenburg, Bd. I: Die Grafschaft Rupping. Hrsg. v. Walter Veitel. Frankfurt a. M. u. a. 1974 (= Ullstein-Buch, Bd. 4051), S. 9.

121 Das Folgende wird zitiert nach Theodor Fontane: Wanderungen durch England und Schottland, 2 Bde., 3. Aufl., Berlin 1998, 2. Bd, S. 273 ff.

122 Fontane: England, 2. Bd., aaO., S. 276.

123 Theodor Fontane: Wanderungen durch die Mark Brandenburg, 3 Bde., München 1991, S. 9f.

124 Joseph Mallord William Turner: Regen, Dampf und Geschwindigkeit, der Zug Great Western Railway, Öl auf Leinwand, National Gallery, London, 1844, 91 x 122 cm.

125 Theodor Fontane: Der Stechlin. Roman, Zürich 1975 (= Manesse Bibliothek der Weltliteratur), S. 7f.

126 Gemeint ist das Erdbeben von Lissabon im Jahre 1755.

127 Theodor Fontane: Der Stechlin, aaO., S. 525.

Poetische Naturbilder im politischen Widerstand
Sophie Scholl (1921–1943)

128 Alle folgenden Zitate nach: Hans Scholl Sophie Scholl. Briefe und Aufzeichnungen. Hrsg. von Inge Jens, Frankfurt am Main 1984. Hier am 17.6.1940 an Fritz Hartnagel, S. 146.

129 Am 8.8.1940 an Fritz Hartnagel, S. 155.

130 Am 22.6.1940 an Fritz Hartnagel.

131 Am 21.6.1941 an Lisa Remppis.

132 Am 2.2.1943 an Lisa Remppis.

133 Harald Steffahn: Die Weiße Rose, Reinbek bei Hamburg 1992, S. 134.

134 Ein Briefblatt, München, 24.6.1942.

135 Am 1.1.1943, an Fritz Hartnagel.

136 Am 9.4.1940, an Fritz Hartnagel (Leutnant).

137 Tagebuch, 10.10. 1942.

138 Zitiert nach Staffahn: Weiße Rose, S. 113.

139 Zitiert nach Steffahn: Weiße Rose, S. 153.

140 Winkler: Geschichte, aaO., S. 1088.

141 Winkler: Geschichte, aaO., S. 1089.

Nicht jeder wird vom Mönchsbrot satt
Henri Nouwen (1932–1996)

142 Henri J.M. Nouwen: Ich hörte auf die Stille. Sieben Monate im Trappistenkloster, 2. Aufl., Freiburg im Breisgau 2007(= HERDER spektrum, Bd. 5537), S. 12.

143 Wunibald Müller: Henri Nouwen. springen, das Wagnis von Nähe. Ein Porträt v. W. Müller, Münsterschwarzach 2002.

144 Nouwen: Stille, aaO., S. 247.

145 Nouwen: Stille, aaO., S. 76.

146 Nouwen: Stille, aaO., S. 58.

147 Henri J.M. Nouwen: Suche nach dem Einklang. Von der geistlichen Kraft d. Erinnerung, Neuausg., Freiburg im Breisgau 1993 (= Herderbücherei, Bd. 1774), S. 68.

148 Nouwen: Stille, aaO., S. 13.

149 Nouwen: Stille, aaO., S. 148.

150 Nouwen: Stille, aaO., S. 29.

151 Nouwen: Stille, aaO., S. 154.

152 Nouwen: Stille, aaO., S. 155.

153 Nouwen: Stille, aaO., S. 170.

154 Nouwen: Stille, aaO., S. 139.

155 Nouwen: Stille, aaO., S. 172.

156 Nouwen: Stille, aaO., S. 172.

157 Nouwen: Stille, aaO., S. 171.

158 Nouwen: Stille, aaO., S. 240.

159 Nouwen: Stille, aaO., S. 240.

160 Nouwen: Stille, aaO., S. 261.

„Ich sing für die Verrückten"
Hanns Dieter Hüsch (1925–2005)

161 Hanns Dieter Hüsch: Du kommst auch drin vor. Gedankengänge eines fahrenden Poeten [Erinnerungen], 6. Aufl., München 1992 (= Knaur-Tb., Bd. 75004), S. 166.

162 Hanns Dieter Hüsch: Hanns Dieter Hüsch hat jetzt zugegeben, zitiert nach: Martin Buchholz, Was machen wir hinterher? Hanns Dieter Hüsch – Bekenntnisse eines Kabarettisten, Moers 2005, S. 76.

163 Hanns Dieter Hüsch: Das kleine Weihnachtsbuch, zitiert nach: Buchholz, Was machen wir hinterher?, aaO., S. 63.

164 Zitiert nach: Georg Schwikart, Der Kabarettist. Wie Hanns Dieter Hüsch den lieben Gott zum Schmunzeln brachte. Hrsg. v. U. Birnstein in d. Reihe „wichern porträts", Berlin 2010, S. 77.

165 Hanns Dieter Hüsch: Das schwarze Schaf vom Niederrhein. Texte und Lieder vom flachen Land, 10. Aufl., München 1997 (= HEYNE ALLGEMEINE REIHE, Bd. 01/6639), S. 24f.

166 Zitiert nach: Buchholz: Was machen wir hinterher?, aaO., S. 84.

167 Hanns Dieter Hüsch, Wir sehen uns wieder, zitiert nach: Buchholz, Was machen wir hinterher?, aaO., 84f.

168 Heinrich Böll: Die schwarzen Schafe. Mit Illustr. v. W. Jasper, 4. Aufl., Frankfurt a.M. u. Leipzig 1999 (= Insel-Bücherei, Bd. 1078), S. 9.

169 Hüsch: Du kommst auch drin vor, aaO., S. 9.

170 Hüsch: Du kommst auch drin vor, aaO., S. 20.

171 Hüsch: Du kommst auch drin vor, aaO., S. 27.

172 Hüsch: Du kommst auch drin vor, aaO., S. 30.

173 Hüsch: Du kommst auch drin vor, aaO., S. 43.

174 Hüsch: Du kommst auch drin vor, aaO., S. 23.

175 Hanns Dieter Hüsch: Das Schwere leicht gesagt. Mit e. Vorw. Hrsg. v. U. Seidel, 6. Aufl. d. Jubiläumsausg., Freiburg 2012 (= HERDER spektrum, Bd. 5911), S. 13.

176 Zitiert nach: Schwikart: Kabarettist, aaO., S. 84.

177 Hüsch: Du kommst auch drin vor, aaO., S. 42.

178 Hüsch: Du kommst auch drin vor, aaO., S. 31.

179 Hüsch: Du kommst auch drin vor, aaO., S. 67.

180 Hüsch: Du kommst auch drin vor, aaO., S. 67.

181 Hüsch: Du kommst auch drin vor, aaO., S. 58.

182 Hüsch: Du kommst auch drin vor, aaO., S. 122.

183 Hüsch: Du kommst auch drin vor, aaO., S. 118.

184 Hüsch: Du kommst auch drin vor, aaO., S. 194f.

185 Hüsch: Du kommst auch drin vor, aaO., S. 120f.

186 Hüsch: Du kommst auch drin vor, aaO., S. 240.

187 Hüsch: Du kommst auch drin vor, aaO., S. 246.

188 Hüsch: Du kommst auch drin vor, aaO., S. 212.

189 Hüsch: Du kommst auch drin vor, aaO.., S. 213.

190 Zitiert nach: Schwikart: Kabarettist, aaO., S. 79.

191 Hüsch: Du kommst auch drin vor, aaO., S. 192f.

192 Hüsch: Du kommst auch drin vor, aaO. S. 74.

193 Hüsch: Du kommst auch drin vor, aaO., S. 298.

194 Hüsch: Du kommst auch drin vor, aaO., S. 297.

195 Hüsch: Du kommst auch drin vor, aaO., S. 384.

196 Hüsch: Du kommst auch drin vor, aaO., S. 286.

197 Hüsch: Du kommst auch drin vor, aaO., S. 288.

198 Zitiert nach: Buchholz, Was machen wir hinterher?, aaO., S.132.

199 Hanns Dieter Hüsch: Feine Komödien, feine Tragödien, zitiert nach: Buchholz, Was machen wir hinterher?, aaO., S.156.

200 Hanns Dieter Hüsch: Ein neues Kapitel, zitiert nach: Buchholz, Was machen wir hinterher?, aaO., S. 71f.

201 Hüsch: Du kommst auch drin vor, aaO., S. 250.

202 Hanns Dieter Hüsch: Wir sehen uns wieder, zitiert nach: Buchholz: Was machen wir hinterher?, aaO., S. 173–180 [für den gesamten Abschnitt].

203 Hüsch: Du kommst auch drin vor, aaO., S. 264f.

204 Hüsch: Du kommst auch drin vor, aaO., S. 265.

205 Hüsch: Du kommst auch drin vor, aaO., S. 305.

206 Hüsch: Du kommst auch drin vor, aaO., S. 307.

207 Hüsch: Du kommst auch drin vor, aaO., S. 293.

208 Hüsch: Du kommst auch drin vor, aaO., S. 331f.

209 Hüsch: Du kommst auch drin vor, aaO., S. 336.

210 Hüsch: Du kommst auch drin vor, aaO., S. 337.

211 Hüsch: Du kommst auch drin vor, aaO., S. 379f.

212 Hüsch: Du kommst auch drin vor, aaO., S. 382.

213 Hüsch: Du kommst auch drin vor, aaO., S. 379.

214 Zitiert nach: Schwikart: Kabarettist, aaO., S. 78.

Bankrotterklärung für Managementkurse, Marktanalysen und Globalisierungstheorien Steve Jobs (1955–2011)

215 Walter Isaacson: Steve Jobs. Die autorisierte Biografie des Apple-Gründers, 2. Aufl., München 2012, S. 194.

216 Isaacson: Jobs, aaO., S. 121 und 139.

217 Im Folgenden nach Isaacson: Jobs, S. 20ff.

218 Isaacson: Jobs, aaO., S. 22.

219 Isaacson: Jobs, aaO., S. 74.

220 Isaacson: Jobs, aaO., S. 23.

221 Heinz Kohut: Narzißmus. Eine Theorie der psychoanalytischen Behandlung narzißtischer Persönlichkeitsstörungen, Frankfurt 1976. Originalausgabe 1971. „[...] ein Narziss [...]" schrieb auch das Nachrichtenmagazin „Der Spiegel" über Jobs, Nachrichtenmagazin „Der Spiegel", Hamburg, Nr. 17, 26.4.2010, S. 76.

222 Christopher Lasch: Das Zeitalter des Narzißmus, München 1986 (in den USA 1979 erstmals erschienen).

223 Unter anderem vertreten durch die bekannte Schweizer Psychologin Alice Miller.

224 U.a. nach Alice Miller: Das Drama des begabten Kindes und die Suche nach dem wahren Selbst, Frankfurt 1979. Ein Überblick über die Kennzeichen findet sich auf der Seite 78. Zur größeren Kreativität von Adoptivkindern siehe S. 67.

225 Isaacson: Jobs, aaO., S. 24.

226 Isaacson: Jobs, aaO., S. 26.

227 Jeffrey Young/William L. Simon: Steve Jobs und die Erfolgsgeschichte von Apple, 6. Aufl., Frankfurt 2011, S. 427.

228 Das „i“ wurde manchen Produkten der Firma vorangestellt (iPad, iPod usw.).

229 Nachrichtenmagazin „Der Spiegel“, Hamburg, Nr. 17, 26.4.2010, S. 67.

230 Isaacson: Jobs, aaO., siehe Angabe auf dem Cover.

231 Isaacson: Jobs, aaO., S. 29.

232 Vgl. Liste der Kennzeichen des Narzissmus.

233 Isaacson: Jobs, aaO., S. 29f.

234 Steve Wozniak mit Gina Smith: iWoz. Wie ich den Personal Computer erfand und Apple mitgründete, München 2007, S. 15.

235 Wozniak: iWoz, S. 86.

236 Isaacson: Jobs, aaO., S. 50.

237 Isaacson: Jobs, aaO., S. 56.

238 Isaacson: Jobs, aaO., S. 62.

239 Isaacson: Jobs, aaO., S. 64; siehe wiederum die Kennzeichen des Narzissmus.

240 Isaacson: Jobs, aaO., S. 67.

241 Isaacson: Jobs, aaO., S. 68.

242 Isaacson: Jobs, aaO., S. 80.

243 Isaacson: Jobs, aaO., S. 82f.

244 Isaacson: Jobs, aaO., S. 87.

245 Siehe auch Jeffrey Young, S. 65.

246 Isaacson: Jobs, aaO., S. 102.

247 Nach Isaacson: Jobs, aaO., S. 106ff.

248 Siehe auch Young: Erfolgsgeschichte, S. 83ff.

249 Isaacson: Jobs, aaO., S. 124 ff., auch das Folgende.

250 Isaacson: Jobs, aaO., S. 133.

251 Isaacson: Jobs, aaO., S. 203.

252 Isaacson: Jobs, aaO., S. 141f.

253 Isaacson: Jobs, aaO., S. 147, wie auch das Folgende. Siehe auch Young: Erfolgsgeschichte, S. 103ff., bzw. die Online-Ausgabe der Süddeutschen Zeitung vom 10.2.2012: „FBI-Akte von Apple-Gründer Steve Jobs. Betrügerisch und offen für Drogen. Machthungrig und von fragwürdiger Moral [...]“.

254 Siehe Nachrichtenmagazin „Der Spiegel“, Hamburg, Nr. 17, 26.4.2010, S. 71 f.

255 Isaacson: Jobs, aaO., S. 170.

256 Isaacson: Jobs, aaO., S. 203.

257 Thomas Steinfeld: Der Sprachverführer. Die deutsche Sprache: was sie ist, was sie kann, ungekürzte Ausg., München 2012, S. 27f.

258 Aristoteles: Hauptwerke, 8. Aufl., Stuttgart 1977, S. 37.

259 Siehe auch Umberto Eco: Die unendliche Liste, München 2009. Hier wird die Sammlung bzw. Liste als solche schon gleichsam verherrlicht.

Menschen ohne Inspiration?
Die Gesellschaft der Zeitgeschichte (1950–2010)

260 Fest: Scheitern, aaO., S. 142.

261 José Ortega y Gasset: Der Aufstand der Massen, Reinbek bei Hamburg 1972; Erich Fromm: Die Kunst des Liebens, neu übersetzte Ausg., Frankfurt/M./Berlin/Wien 1980, S. 26f.

262 Carl Zuckmayer: Geheimreport, Göttingen 2002.

263 Francis Fukuyama: Das Ende der Geschichte, München 1992.

264 Vgl. „Dame, König, As, Spion", nach dem gleichnamigen Roman von John Le Carré (englische TV-Serie). Vgl. auch Richard Burton in: „Der Spion, der aus der Kälte kam", Regie Martin Ritt, GB 1965; nach dem gleichnamigen Roman von John Le Carré, der auch am Drehbuch beteiligt war.

265 Eberhard Rathgeb: Die engagierte Nation. Deutsche Debatten 1945-2005, München 2005.

266 Eugen Drewermann: Die Botschaft der Frauen. Das Wissen der Liebe, 2. Aufl., München 1999.

267 Masha Gessen, Henning Dedekind: Der Mann ohne Gesicht – Eine Enthüllung, München 2012.

268 Steinfeld: Sprachverführer, aaO., S. 23.

269 Albert Camus: Das Meer. In: Literarische Essays, Sonderausg., Hamburg 1973, S. 192-203.

270 Franz Prinz zu Sayn-Wittgenstein: Salzburger Land, München 1977, S. 162.